群星闪耀的世界史

王磊 著

上海文化出版社

目　录
Contents

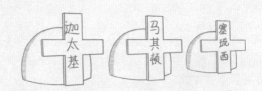

序

海选：你方唱罢我登场

一提到世界史，大家脑海里是不是就浮现出那一大堆国家你方唱罢我登场，东边一个西边一个，不停地出现又消失，跟用八倍速玩打地鼠游戏一样，搞得人眼花缭乱的场景？

那么，有没有一种轻松又容易的世界史打开方式呢？

恭喜你，这里就有一个。

如果我们将整个人类文明史上的迭代兴衰看作一场综艺选秀，把无数曾在历史长河中闪亮登场的族群或国家看作参赛选手，把历史上的战争比作不同选手之间的较量，用看综艺的方式打开世界史，事情不就变得简单又有趣了吗？

毕竟这场选秀可是延续了五千多年，至今还在进行啊。

在这场选秀中，地球是公演的舞台，时间是唯一的评委，而我们每一个人，都是这场历史选秀的观众。

出场的各位选手风格各异，有人气型的，有气人型的，有高光的，有招黑的，有自暴自弃中途退赛的，也有坚持不懈扛到最后的，有喜欢关起门来发展自己的，也有热衷打将出去横扫四方的。

节目里紧张刺激的竞争环节，其实代表着真实世界中那一场场惨烈又残酷的战争。

有人热爱和平，也有人追逐利益，这导致战争从未缺席。不同的是有人选择以战养战，有人选择以战止战。

这些选手最开始都是独立出道，各自发展，但随着上场的选手越来越多，彼此间的联动越来越频繁，最终他们选择了组团出道。在历史教科书里，管这个叫"全球化"。

这场全球直播的文明大选秀一共分为四季，分别是上古史、中古史、近代史和现代史。现在已经播到了第四季的现代史，但我们还是从第一季——上古史追起。

那么，就让我们迎来第一位登场的选手吧。

闪亮登场：
历史从哪里开始?（上）

古埃及 第一王朝

大事年表

时间	外国	中国
约公元前 3500 年	苏美尔城邦开始形成	
约公元前 3100 年	乌鲁克文化结束 埃及初步实现统一	新石器时代 原始农业产生
约公元前 26 世纪	胡夫金字塔建成	

五千多年前的地球舞台上突然变得热闹了起来。

因为中东赛区的美索不达米亚集团推选出的第一个，哦，不，是第一批选手登场了。

他们住在随时都会倒塌的危房里，日常爱好是喝啤酒、写史诗，然后拿着青铜兵器互砍。在这群相爱相杀的小伙伴里，乌鲁克、基什、乌尔、乌玛等几个选手的曝光率最高。

美索不达米亚集团坐落在底格里斯河和幼发拉底河之间，这里被称作"两河流域"，大致位置就是现在中东的伊拉克一带。两河流域是沟通欧洲、亚洲和非洲三块大陆的十字路口，是一个四通八达的黄金地段。南来北往的商路在这里汇集，东西方的优秀文化成果在这里碰撞，用现在的话来说，这里就是商贸中心、物流中心和时尚中心。

这里气候干燥，降水很少，但好在幼发拉底河和底格里斯河水量丰沛，为集团的创业和生存提供了必要的保障。在两河流域下游的苏美尔地区就出现了最早的城邦，而美索不达米亚集团的第一批选手就来自这里。

所谓城邦，通俗来说就是城市那么大的国家，例如今天的新加坡。这些城邦选手虽然体格都不大，但每一位都是独立的个体，他们之间不存在谁领导谁的问题。

当然，如果你的拳头足够硬，那就另当别论了。

所以，美索不达米亚集团内部的交流活动非常刺激，毕竟谁不想当领头羊呢？

由于各位选手都学会了冶炼青铜，已经能给自己置办起一身闪亮的重装备，互相捶起来的时候也是激烈得很。另外，集团手里还有一件非常有杀伤力的秘密武器，就是驴战车[1]。

是的，美索不达米亚集团的研发部发明了轮子，发明了车子，但他们还没有驯服马[2]。所以，这种战车只能用毛驴作为动力源，是如假包换的四"驴"驱动。

但就是凭借着这样动力不甚澎湃，操控性也有点堪忧的驴战车，集团各选手之间还是打得不亦乐乎。今天你打赢了，你就是老大；明天你打输了，新上台的那个就是霸主。

由于各位选手实力都差不多，谁也没有绝对的压倒性优势，所

---

1. 最早的形象见20世纪30年代出土于乌尔城王室墓穴（位于今伊拉克巴格达南部）的一件艺术品——"乌尔军旗"，现藏于英国伦敦不列颠博物馆。

2. 见金玉国：《古代车战考究》，《军事历史研究》，2007年第2期。

以集团一哥的头衔就像小朋友玩击鼓传花一样，在这些选手之间传来传去，始终没能选出一个能代表整个集团参赛的种子选手 [1]。

混乱的局势加上常年的内耗严重地影响了美索不达米亚集团的企业文化。从集团高层用楔形文字记录下的内部文件——《吉尔伽美什史诗》来看，全集团上下都弥漫着一种看淡生死，大不了一起完蛋的悲观论调。

除了选手之间的不和，集团选址的负面影响也逐渐显露出来。

两河流域土地平坦，几乎无险可守，很容易遭到外敌入侵。而底格里斯河和幼发拉底河虽然为农业生产提供了充足的水源，但是也经常发大水。谁也不想泡在水里过日子，于是大伙就只能挖运河，建堤坝，用水利设施来防范洪水，实现灌溉。可这又导致了海水倒灌和土地盐碱化问题，反而加剧了粮食危机。

不努力吧，被洪水淹；努力吧，被海水腌。无非就是当场自杀和慢性自杀的区别。

再有就是美索不达米亚集团的极简装修风也让人不能忍。两河流域比较缺少石块和木头等建筑材料，导致大部分选手只能挖泥巴晒成砖来建办公室。除了极少数高层人员的办公室具备正常的建筑结构和强度，大多数人住的都是泥巴砖堆起来的危房。

所以对各位选手来说，自己的房子随时可能被水淹，就算不被淹也可能自己垮掉。他们只能每隔一段时间就把旧房子扒了，然后

---

1. 参看《苏美尔王表》。

在上面用泥巴盖新房子。

那么问题来了，如果是你在这么一个房子随时会塌、洪水不时光临、土地日渐荒芜、内部大打出手的环境里工作，你觉得自己能乐天得起来吗？

好在集团内部啤酒管够，大家就一边喝着原始啤酒，一边感慨生命的虚无。

当美索不达米亚集团的选手们正集体沉浸在悲观压抑的氛围中不可自拔时，一个咧着嘴傻笑的阳光男孩来到了他们身边，这就是古埃及集团推送的早王朝第一王朝选手[1]。没错，这个选手的名字就叫"早王朝第一王朝"。

古埃及集团的实际注册地址是北非，但习惯上大伙还是把它和美索不达米亚集团都算在中东赛区里。

古埃及集团所在地是个安全系数相当高的封闭小区。这地方东边是沙漠，南边是沙漠，西边还是沙漠，只有北边不是沙漠——是地中海。在航海技术相对落后的上古世界，这个方向基本上也不用担心有什么危险。

这简直就跟把自己放在保险箱里一样，住在开放小区里的美索不达米亚集团的选手们不禁投来了羡慕嫉妒恨的眼神。

别急，更让人眼红的还在后面呢。

都说"埃及是尼罗河的赠礼"，没错，古埃及集团简直就是尼罗

---

1. 另有观点认为在古埃及早王朝之前还存在一个"前王朝"。

古埃及 第一王朝

河附赠的大礼包。

尼罗河每年 7 月到 11 月定期泛滥，洪水夹带着含大量矿物质等养分的泥沙覆盖了河两岸的土地。古埃及集团的员工给自己的集团起了个昵称叫"凯麦特"，意思就是肥沃的黑土地。那真是"只要撒种，啥都往出结"，想挨饿都费劲。

比起美索不达米亚集团那两条指不定什么时候就发大水、冲毁房屋的底格里斯河和幼发拉底河，尼罗河就显得温柔乖巧得多。它的泛滥是恩赐而不是灾难，相当于每年定期来给古埃及集团的自留地施一次肥，这待遇放眼全球也没谁了。

尼罗河从南向北流，河流的上下游也分别推举了一位选手。

上游地区叫上埃及，下游地区叫下埃及，这命名区分方式也是直白得可以。上埃及选手钟爱白色，戴白色的王冠，崇拜鹰神荷鲁斯；下埃及选手则喜欢红色，戴红色王冠，崇拜眼镜蛇神瓦吉特。

多年来两位选手一直是独立发展，一度让人觉得他俩可能要同时报名参赛，直到一位非常能干的经纪人美尼斯出场。

大约在公元前 3100 年，美尼斯一顿操作，把上、下埃及搞了个合体，成为早王朝第一王朝[1]。至此古埃及集团的一哥才诞生，美尼斯也被认为是人类历史上有记载的第一位帝王，在古埃及集团帝王被尊称为"法老"[2]。

---

1. 另有观点认为那尔迈在美尼斯之前已经统一了上、下埃及，也有观点认为那尔迈和美尼斯是同一个人。

2. "法老"一词原指王宫，第二十二王朝后才成为古埃及国王的正式头衔，但习惯上把古埃及的国王通称为法老。

美尼斯在岗位上辛勤奉献了大概三十年，后来在一次狩猎活动中不幸被一头愤怒的河马咬死了。当然这并不影响他在早王朝第一王朝选手走红过程中所做出的贡献。

早王朝第一王朝选手异军突起后，古埃及集团的工作效率直线上升，种起地来也干劲十足。所以古埃及集团的人一出场，浑身上下都洋溢着富足的味道。

有了农业做基础，手工业、商业、建筑、艺术等领域也就有了发展的动力，毕竟填饱了肚子才有力气干别的事情嘛。古埃及集团最著名的代表作，就是办公室里那上百座给法老修的金字塔。和几乎只能用泥巴盖房子的美索不达米亚集团的员工比起来，古埃及集团的员工无疑是幸福的，至少这儿不缺石头。

在今天埃及首都郊外的吉萨，有一座举世闻名的胡夫金字塔。这座由 230 万块巨石砌成的金字塔约修建于公元前 26 世纪，据说是由十万名劳工历时三十年修建成的。

那我们就要问了，在四千多年前的古埃及，在那个没有起重机也没有蓝翔技校的时代，这种"逆天"的超级工程到底是怎么完成的？这样透支民力、好大喜功难道不是自取灭亡吗？

对于金字塔的修建之谜，历史并没有给出一个标准的答案。有一种说法认为，因为尼罗河每年有四个月是固定的洪水期，也就是说古埃及集团的员工一年有三分之一的时间都只能眼巴巴地看着尼罗河发大水，完全没事干。

闲着当然就得找事干了，于是古埃及集团就开始了团建——修金字塔。反正闲着也是闲着，莫不如给大伙找点事做。

当然，真实历史上金字塔的修建不只是吃饱了撑的那么简单。集团搞团建无非就是两个目的，一是丰富组织大型活动的经验，二是推动企业文化的构建。

在古埃及集团的企业文化中，给法老修金字塔可不是什么搬砖的苦差事，那是非常光荣的事情。

因为相对于美索不达米亚集团阴郁的风格，古埃及集团的整体氛围可以说是非常欢乐。说到底这还是和尼罗河有关。

试想一下，古埃及的各位小伙伴环顾四周，看到的是一片荒芜、漫天黄沙的生命禁区，但低头一看自己站的地方，河水潺潺，绿意盎然，不愁吃不愁喝，甚至小日子过得还挺滋润，这满足感得有多强。所以他们对于尼罗河那真是充满了热爱和感激，同时也对周边沙漠里那些顽强生存的动植物充满了发自内心的崇拜。

这就是古埃及集团中盛行的第一种崇拜——自然崇拜。古埃及的宗教文化中很多神都是人身上长了动植物的脑袋，什么甲虫、狮子、老鹰、蝎子、河马等各种款式应有尽有，整体画风非常奔放。

而法老也获得了神在人间的代言人的地位，这就是古埃及的法老崇拜。对集团的全体员工来说，他们的好日子是神给的，给法老干活就是在为神服务，这么光荣的事大家当然都抢着干，而且干得还挺开心。所以修金字塔这事也就水到渠成了。

一般认为，金字塔是法老的陵墓，是保存法老尸体，留待以后法老复活返场时用的。

没错，这就是亡灵崇拜。古埃及人认为人肉体的死亡只是为灵魂开启了通向永生的大门，就像太阳东升西落一样，人死后也会去到另一个世界，并最终在未来的某一天迎来重生。

视死如生，便侍死如生，把法老的尸体做成木乃伊好好保存，万一以后能复出带着大家再次翻红呢？连死亡这么令人惧怕的事在古埃及这儿都变得不再可怕，甚至还有点普天同庆的意思，这也真是乐观到骨子里了。

所以，古埃及集团中有一个特殊岗位的人群，那就是掌管宗教事务的祭祀团体，他们拥有高超的医学知识和尸体防腐技术，用一种叫作"圣书体"的象形文字来记录知识。这种文字非常神秘，直到19世纪初才被破译，所以我们才能知道古埃及集团早期创业史中发生的故事。

好了，最早登场的两拨选手已经在舞台上找好了自己的位置，而接下来登场的选手据说造型更特别，身上还充满了神秘的气息。他们到底是谁呢？

02

闪亮登场：
历史从哪里开始?（下）

大事年表

时间	外国	中国
公元前 26 世纪	哈拉帕文化进入全盛时期 米诺斯文明广泛使用铜器	传说中炎、黄二帝大战蚩尤

中东赛区的选手们登场后，隔壁南亚赛区的古印度集团也派出了来自印度河流域的哈拉帕选手。

这位选手没有给观众留下太多的个人信息，我们只知道他家里房子不少。哈拉帕选手的家是复式结构，由卫城和下城两部分组成，一部分是住宅区，一部分是商业区，城市有高耸的城墙保护。更豪奢的是他家的房子是用砖块建造的，路是用砖块和碎陶片铺成的，使用的排水系统和污水处理系统也是砖砌的，还有一座巨大到可以游泳的浴池，池壁表面涂抹了一层沥青用来防渗水[1]。

好的，跃层别墅，装修高档，还有专有的沐浴和排水设施。美索不达米亚集团的员工回头看了看自己的泥巴房，再一次感慨人比人真是气死人。

---

1. 见王茜：《印度河文明考古学术史研究》，博士学位论文，西北大学考古学系，2021，第 37~41 页。

哈拉帕选手用一种刻在石头或陶土上的印章文字和身边的众人聊得起劲。但可惜这种文字至今没有被破译，所以我们也不清楚他们的聊天记录里到底说了点啥。

而在喜马拉雅山的另一头，东亚赛区的华夏集团还处在创业初期的众筹阶段，传说中的三位元老级股东——黄帝、炎帝和蚩尤正在进行亲切而又不失热情的交流。

具体的方式就是打架。

黄帝和炎帝打过一次阪泉之战，还和蚩尤打过一次涿鹿之战，这两次战争的先后说不清，但最终的结果就是黄帝打赢了，他成了最大的股东，其他部族都被逐渐吸纳进以他为首的新一届董事会中，华夏集团就算是成立了。

这个集团虽然创立的时间不是最早的，但一直活跃在历史的舞台上，从不曾缺席。它还拥有目前世界上人数最多的粉丝应援团体——"炎黄子孙"。

这里必须说明的是，虽然"炎黄子孙"这个词里没有蚩尤什么事，但蚩尤并不是老套英雄故事中的邪恶反派[1]，他也是中国人的先祖之一，并且长期作为中国的战神而受到崇敬和祭祀[2]。但就现阶段来说，华夏集团还没能选派出足够成熟的选手参加比赛，只是在报名表里占了一个名额而已。

---

1. 春秋以前蚩尤往往是作为黄帝的对立面形象出现的，进入战国以后蚩尤的战神形象逐渐形成，以秦、齐、楚等地最为明显。

2. 见《史记·封禅书》。

总的来说，已经登场的几位选手都擅长种地，家里都有点闹心事，也都住在河边。这样的雷同剧情倒不是几位选手为了参加选秀而故意卖惨，而是农业文明发展初期的必然。

在一万多年前，整个人类的生存方式开始由以采集为主向以种植为主演进。最开始大家都把集团开在河边，就是因为这里土地肥沃，灌溉方便，更易获得食物。

当然历史的大舞台上从来都不缺个性鲜明的选手，接下来登场的这位就是一朵颜色不一样的烟火，那就是由欧洲赛区古希腊集团选派的米诺斯选手，这位选手登场的位置不是在大河边，而是在爱琴海的克里特岛上。

关于这位选手，有一个非常劲爆的八卦新闻在坊间流传。

传说克里特岛上的国王米诺斯得罪了海神波塞冬，而希腊神话中的神基本上报仇都不带隔夜的。波塞冬报复米诺斯国王的方式也很奇特，他找来一头白色的公牛，使得公牛和国王的妻子生下了一个牛头人身的怪物，这个怪物最大的爱好就是吃小孩。

你听听，多损啊！

米诺斯国王只能把牛头人儿子关在地下的迷宫里，然后强迫邻居雅典选手给这个倒霉儿子提供口粮，也就是童男童女。

当然和大多数吃人的怪物一样，牛头人也被英雄人物干掉了，后来米诺斯选手也因为丑闻一直被人指指点点。

由于各种说法传得实在是太邪乎，不禁让人怀疑米诺斯选手是否有参赛资格。

直到 19 世纪后期至 20 世纪初，考古学家在克里特岛上陆续发掘出库房、王宫等遗址和大量文物——当然吃小孩的牛头人是没有的——这才确保了米诺斯选手的参赛资格。

和其他选手一露面就自带吃货属性不同，米诺斯选手从一开始就对种地毫无兴趣。因为他所在的克里特岛虽然是爱琴海上最大的岛，但再大的岛也只是个岛，哪有足够的地来种粮食啊？这意味着米诺斯选手想吃饱饭就只能靠和其他选手做生意。

要做生意，必须具备两个条件——第一是路要通，第二是货要硬。

米诺斯选手好歹也是家里有海景房的人，他所在的克里特岛正处在北非、中东、小亚细亚和欧洲的十字路口，相当于整个东地中海的商贸中心和物流中心。米诺斯选手凭借着家里的优良港口和发达的航海技术，可以把生意做到任何他想去的地方。他使用一种叫作线形文字 A 的文字和其他选手沟通，但这种文字同样至今没有被破译，所以几位选手之间到底是怎么讨价还价的，我们不得而知，只知道他们之间没少联动就是了。

商路的事搞定了，商品方面也不用担心，因为米诺斯选手是真正的家里有矿。

这个矿不是金矿，而是锡矿。锡是冶炼青铜器的重要合金。美索不达米亚集团和古埃及集团进行内部交流的时候都使用了大量的青铜兵器，估计没少从米诺斯选手这儿进货。除此之外，米诺斯手里还有橄榄、葡萄、陶器等畅销产品，靠贸易养活自己完全不是

问题。

简单来说，米诺斯选手就是一位住在海景房里，热爱航海冒险，非常有商业头脑的成功人士。这也直接影响了米诺斯选手家的装潢设计。因为他家最大的特点是没有围墙，家里也很少摆放刀枪之类的防身武器。

看起来米诺斯选手似乎是个和平主义者啊，然而事情并没有那么简单。

米诺斯选手不修城墙、不囤武器，是因为他不需要。爱琴海就是他的城墙，强大的舰队就是他最好的武器。后来的考古和历史研究人员发现，米诺斯选手凭借着强大的海军，强迫希腊半岛上的雅典等选手给他上供奴隶，其中就包括不少小朋友。这可能就是传说中米诺斯国王那个爱吃小孩的牛头怪儿子的由来吧[1]。

初舞台的亮相环节告一段落，大伙也该停下来，喘口气、喝口水什么的了。

但这个时候后台候场区传来一阵吵闹声——有人打起来了。

---

1. 见李建松：《米诺斯海权：神话还是现实？——对其真伪研究的回顾与思考》，《史林》，2014 年第 2 期。

03

有故事的人：
真的有史前大洪水吗？

大事年表

外国	中国
据《吉尔伽美什史诗》载，六天七夜，洪水淹没了整个大地，人们登上英雄建造的船只才得以生存。	"洪水滔天，鲧窃帝之息壤以堙洪水。" ——《山海经·海内篇》
"洪水泛滥在地上四十天，水往上涨，把方舟从地上漂起。" ——《圣经·创世记》	"汤汤洪水方割，荡荡怀山襄陵，浩浩滔天。" ——《尚书·尧典》

第一轮登场的选手亮相完毕回到了候场休息区，没想到这里比台上还热闹。只因为有人在后台接受采访的时候讲了一个非常动人的励志故事。

看过选秀节目的小伙伴都知道，舞台上选手的个人才艺和能力水平固然重要，但背景故事更是不可或缺。什么身残志坚、不忘梦想之类的都是常规剧本，说得越凄惨、越励志，拿到的同情分越高，才能走得越远。

来自黎凡特集团的以色列选手虽然出场顺序有点靠后，但是自我感觉非常良好，坚信自己才是那个神之选民。这会儿他正在跟其他几位选手吹嘘自己的成长故事，这个故事的名字叫"诺亚方舟"。

大意就是人类各种闹腾，神一生气决定降下大洪水，给全球来个重新启动。当然了，以色列选手这么虔诚善良的人自然提前接到了通知，所以他提前造了一艘方舟躲过了这场大灾难[1]，历经磨难从头再来，不抛弃不放弃，这才获得了来之不易的机会登上这个舞台。

你听听，这个故事里集灭世危机、主角光环、苦尽甘来、重获新生于一身，情节刺激，剧情励志，这文案想不得满分都难啊！

果然，故事一说完，其他候场的选手都激动得不行，激动到想跳起来把讲故事的人打一顿。

没错，是打一顿，因为这故事的主要情节是从别人那儿抄来的。

美索不达米亚集团的古巴比伦选手第一个跳出来愤怒地谴责这种赤裸裸的山寨行为，并且坚称方舟的故事是他原创的[2]。

以色列选手还想争辩几句，结果乌鲁克第一王朝选手拎起厚厚的泥版文书，劈头盖脸就砸了过来。这时候大伙才看清，他手里的"凶器"就是美索不达米亚集团出版的巨著《吉尔伽美什史诗》，也是最早记录大洪水和方舟传说的文献。

毫无疑问，这故事的原始版权是属于美索不达米亚集团的，但作者不是古巴比伦，而是乌鲁克。可惜市面上流传最广的版本却是黎凡特集团的，这可让原创作者乌鲁克气炸了肺，恨不得把那无耻的抄袭者揍个满地找牙。

于是这场局部争吵很快就演变为整个候场区的大混战，因为大家准备的文案貌似都差不多。

1. 见《圣经·创世记》。
2. 见贝诺苏《巴比伦·迦勒底史》。

古希腊集团的雅典选手表示自己也是洪水的受害者，之前集团旗下还有个唱跳俱佳、实力爆表的亚特兰蒂斯选手就是让大水冲没的[1]；而古印度集团的选手们则坚称他们也遭遇了洪水，只不过是一条神鱼救了他们[2]；其他选手也七嘴八舌地喊出了自己的洪水故事，有说是海啸淹没一切的，有说是抱着葫芦躲过洪水的，有说是登山躲过洪水的，有说是爬到椰子树上躲过洪水的……一时间各种版本大同小异，层出不穷。

正在大家为各种细节问题争论得不可开交时，有人发现华夏集团正在候场的夏朝选手始终没有说话，于是大家就冲过来，逼问他到底是哪一边的，还问他："你有没有文案，有没有跟我们撞稿？"

夏朝选手抹了一把脸上的汗珠，慢吞吞地表示："洪水嘛，我们也遇到了，不过我们这儿洪水不是神的惩罚，是两个伙计干架把我们那儿的不周山给撞倒了，我们家整个房子都歪了，天花板也漏了，那大水哗哗地往下淌。我们的神也是受害者，她还带着我们一起救灾来着，又是炼五彩石，又是砍乌龟腿来当柱子的。哦，对了，我们的神叫女娲，她干的这个事叫'女娲补天'[3]。"

其他选手纷纷表示这个版本还真没听过，他们又问夏朝："那你就没干点啥？你造方舟了，还是躲到高处去了？"

夏朝选手摆摆手说："第一次天降洪水的时候我们太小没使上

---

1. 见柏拉图《对话录》。

2. 见《摩诃婆罗多·摩奴传》。

3. "女娲补天"和"共工怒触不周山"最初是独立的两则故事，东汉王充的《论衡》将两则故事合并。

力。后来地上又发了一次大水，我们就'大禹治水'来着。"

说完他用粗壮的手臂晃了晃手里的治水工具，这工具明显已经用了好多年，破旧得不行。这时大家才发现夏朝选手的衣服上也全是半干不湿的泥点子，一看就是刚从工地干完活回来的样子。

这让其他选手更不理解了。面对灾难你直接跑路不就得了，还冲上去救灾，那不是给自己找麻烦吗？

这时就有人说了，这个夏朝选手连报名手续都没办全，啥详细资料都没填，啥文字证据也没留下，有没有参赛资格都两说，搞不好就是在这儿空口说大话。

对于这些七嘴八舌的议论，夏朝选手也只是憨憨地笑了笑。他也习惯了多干活少说话，别人爱咋说就咋说呗。

吵了老半天，大伙也都累了，这嘴巴一停下来，脑子就转动了起来。所有人脑子中都冒出了这样一个问题——为啥大家的文案都提到了大洪水呢？总不至于所有人都是找同一个写手攒的稿子吧？

当然不是，过度的巧合就不再是巧合。

所以，真的有一场影响了所有人的史前大洪水吗？

答案是：有的。不过是不是全球范围内同时发生就不好说了。

因为各个集团一开始都把家安在水边，遭遇洪水本来就是再正常不过的事情，只不过时间有先后。

所有选手的大洪水文案汇总到一块有好几百条，可以说除了南极洲之外，基本上有选手活动的地方都有洪水传说，当然相对干旱缺水的地区类似的故事就少一些。

而大家这时候都是新人，身上也没啥劲爆的话题可聊，经历过最大的事可能也就是遭遇了大洪水，所以只能在这儿强行回忆，写出的文案自然就雷同了。

不过背景故事虽然一样，可我们仔细听听，每位选手说到的面对这场洪水的态度和处理方式却都不太一样。

概括起来就是两种，一种是逃避问题，一种是解决问题。

就以乌鲁克、古巴比伦、以色列为例。在他们的故事里神是一切的主宰，降下洪水惩罚人类的是神，留有一丝希望主导人类复兴的也是神。这就有点像投资人或合同里的甲方，让你干啥你就得干啥，你要是不配合，那我撤资，你就完蛋。

这和两河流域的自然地理环境有关。两河反复泛滥，为洪水故事提供了创作原型。而两河流域四通八达的地理位置，又注定了这个地方非常容易遭受外来势力的侵犯。就像我们之前说过的，美索不达米亚集团的企业文化就悲观得可以。所以他们面对洪水时会把这当成神降下的惩罚，当然生不出抵抗的心思，只能选择遵从神的指示跑路了事。

而华夏这边的情况就完全不一样了。

华夏集团的员工分布相对比较分散，从北边的辽河、黄河流域，到南边的长江流域等地都有。就好比集团的办公楼修得太大，导致每个部门彼此之间都离得特别远，相对人数也少些。

而每一片地方聚集在一起的人，多少都是沾亲带故的，往上追溯都有一个共同的祖先，于是祖先崇拜就成了华夏集团里最重要的企业文化[1]。

崇拜的最高境界就是神化。所以在华夏集团里，神明往往就是祖先，祖先也往往会变成神明。按照这个逻辑，这些祖先也是集团的员工之一，只不过比普通员工资历老点，功劳大点，地位高点，但彼此之间并不存在什么绝对的上下级关系，大家都是相亲相爱的一家人。所以女娲娘娘亲自下场去抗洪也就很好理解了，因为这本来就是自己家的事啊。

也是因为祖先神明的存在，华夏集团这边更相信"家有一老，如有一宝"。而其他集团的神话里则充满了各种"弑父情节"，属于"家有一老，必须打倒"。不信你去读读古希腊集团的创业史就知道了。

另外就是华夏集团所在地相对封闭、独立，不像其他集团相互之间都挨得那么近，就是想和其他集团交流经验或搞点贸易也困难。既然从别人那儿借不了多少力，那就只能努力修炼内功，说白了就是老老实实地种地。

要种地就不能到处跑，因为土地就是命根子。于是华夏集团的员工们就表现得特别安土重迁，特别踏实肯干，哪怕是面对滔天洪水，首先想到的也是咋把水患给治了。

所以在这么多文案中，有治水情节的也就只有华夏集团这一家。

---

1. 见李禹阶：《早期中国的环境限制、神祇崇拜与文明特质——基于古埃及的比较研究兼论东方"亚细亚生产方式"中文明形态的多样性》，《人文杂志》，2021年第1期。

而这些大洪水背后的故事折射出的企业文化和选手间的个性差异，也影响了各位选手未来的发展，当然这就是后面的故事了。

　　眼下，休息时间终于已经结束，下一轮的选手也准备上场了。

04

第一张 S 卡:
帝国的诞生

大事年表

时间	外国	中国
公元前 24 世纪	阿卡德帝国短暂统一两河流域南部	传说中的"三皇五帝"时期
公元前 22 世纪—前 21 世纪	古埃及第一中间期 乌尔第三王朝颁行《乌尔纳姆法典》	夏朝建立

　　时间来到公元前 24 世纪，又一位选手准备登上历史的舞台。这位选手身上挂满了铜器和用陶器制作而成的小饰品，手里拿着一块泥版文书，上面画着一堆脑洞大开的图画文字。他一上台就自我介绍了一番，说自己叫乌鲁克第三王朝，是美索不达米亚集团的。从这个名字就知道，这位选手以前都上来过两次了，这是他第三次以集团一哥的身份站在舞台上。

　　在历史的舞台上，选手的更新速度往往比集团的更新速度要快得多。毕竟时间有限，每位选手能获得的出场时间就那么一点点，就是独自出场都捞不到几个镜头，更何况是美索不达米亚集团这扎堆的选手们一同上场？

　　所以为了争取更多的镜头，美索不达米亚集团内部的一哥之争一直没停过，不过一直以来谁也没法坐稳第一名的位置。于是我们就看到了诸如"基什第一王朝""乌鲁克第一王朝""乌尔第一王朝"

这样的名字，这里的序号指的就是这位选手是第几次坐上头把交椅。

但这次的乌鲁克第三王朝和之前有点不一样，他其实是隔壁的乌玛选手借用了乌鲁克的办公室，然后在这里走上了事业巅峰，所以他其实应该叫"乌玛王朝"才对。但谁让"乌鲁克"这个名字实在太响亮了呢，所以他就很自然地以"乌鲁克第三王朝"的身份出来混了[1]。他一顿拳打脚踢把其他人都打服了，然后美滋滋地向所有人宣布："从今天开始美索不达米亚集团的一哥就是我了！"

结果他刚做完自我介绍，角落里突然冲出来一位选手，一脚就把他踢了下去，然后顶着美索不达米亚集团一哥的光环站到了台上。

这位选手的名字叫阿卡德，之前没什么人听过他的名字，就连美索不达米亚集团内部的人也是一脸蒙。

没错，这位阿卡德选手原本不在美索不达米亚集团的正式编制内，他最初只是集团一位人气选手的小助理。不过他学习能力很强，跟在这位选手身边的时候不断积蓄自己的能力，终于一举顶替了前雇主的参赛资格，还给自己起了个艺名叫阿卡德。

碰巧赶上美索不达米亚集团的选手内斗，阿卡德就隔山观虎斗，抓准时机再出来捡漏。这不，乌鲁克第三王朝就在临门一脚的时候被阿卡德截和了。

阿卡德上位后舞台表现非常好。他大力扩展集团的对外业务范围，四面出击，从东边的波斯湾一直打到西边的地中海，几乎将整

---

1. 据《苏美尔王表》记载，乌玛王卢伽尔扎吉西继承了乌玛王位后占领了乌鲁克并在此建都，因此乌玛王朝也被称为乌鲁克第三王朝。

个两河流域纳入囊中。所以他也解锁了一个新的荣誉称号——"天下四方之王"。

除了称号很拉风之外，还有一个意外的大惊喜降临到阿卡德的头上——他获得了整场选秀中的第一张 S 卡，被官方盖章认证为人类文明史上的第一个帝国[1]。

这太让人眼红了，第一个跳出来表示不服的就是古埃及集团的第六王朝选手，看名字就知道，之前古埃及集团已经派过五个选手参赛了，但都没捞着 S 卡。

第六王朝选手就说了："我们集团的老前辈第一王朝选手，那早就以集团代表的身份出场了，疆域也够大，国力也够强，凭什么第一张 S 卡不给我们啊？"

对此主办方给出的解释是："你实力再强，也不过就是在本集团内部自娱自乐，没有把业务扩展到不同的集团和人群，所以离'帝国'这个层次还是差了那么一点意思。"

这个答复并无法说服第六王朝选手，他原本还想吵吵两句，但很快没声了。因为古埃及集团此时陷入了动荡，第六王朝选手自身都难保，自然也没那个精力来掰扯这张 S 卡到底该给谁的问题。

但外人没声了，不代表自己人没意见。

拿到 S 卡的阿卡德选手正在那儿傻乐呢，突然台下冲出来一帮全副武装的打手，把他一顿胖揍后丢下了舞台，阿卡德选手就此退

---

1. 此论有争议。有学者认为阿卡德并不是第一个帝国。见刘健：《论古代阿卡德国家的性质》，《北大史学》，2007 年总第 12 期。

赛。这人生大起大落，实在是够刺激的。有人说他是得罪了背后的投资人——美索不达米亚集团的主神恩利尔，于是恩利尔就找了打手把阿卡德给灭了[1]。

当然这种说法过于魔幻。阿卡德选手的黯然退场说到底就在于他始终没有取得美索不达米亚集团其他选手的真心认同，这么一大帮拖后腿的藏在暗处伺机而动，阿卡德选手就是想不完蛋也难。

阿卡德选手被迫退赛后，美索不达米亚集团经过短暂的混乱后又推出了一个新选手，他的名字叫乌尔第三王朝。人虽然换了，卡还在呢，乌尔第三王朝就顺利继承了这张Ｓ卡。他也搞中央集权、君权神授那一套，还留下了人类历史上第一部成文法典《乌尔纳姆法典》，也算是拥有过舞台上的高光时刻。

在美索不达米亚集团的选手喜提Ｓ卡，成为舞台上的焦点时，其他集团选手的日子却没那么好过。

古埃及集团此时正在经历创立以来的第一次破产重组，这个在历史上被称为"第一中间期"。原本丰沛稳定的尼罗河供水流量包突然到期，水量减少，干旱持续，粮食减产，这使第六王朝选手没有足够的实力号令整个集团，一时间集团里又冒出了第七、第八、第九、第十王朝等好几个选手，整个集团内部打成了一团。

最终尼罗河上游崛起的中王国时期的第十一王朝选手结束了这场持续百余年的混乱，重新统一了整个埃及，让集团再一次挂牌

---

1. 见相关作品《阿卡德的诅咒》。

上市。

第十一王朝本想旧话重提，再聊聊那张 S 卡的事，但奈何集团内部新人蹿起来的速度实在是太快，第十一王朝这才刚上台，屁股后头又冒出来一个第十二王朝选手要夺权。持续的内部动荡让古埃及集团的市值大幅下跌，就连原本高大雄伟的金字塔都变成了丰俭由人的简装修风格。至于什么 S 卡，唉，还是爱咋咋的吧。

当古埃及集团正在为罕见的大干旱而苦恼时，华夏集团这边反而是在犯愁水太多。

现代考古研究已经证明，当时有一场超大规模的洪水席卷了整个黄河流域。咱们之前也说过，华夏集团的员工一开始是分散在各地的。但是洪水一来，上游是洪水暴发的第一线，下游是连个山头都不好找的泛滥区，这两个地方的人都被洪水冲得够呛，侥幸活下来的人基本都集中到了黄河中游的陕西、河南这一带[1]。因为中游地区的水流相对没那么大，人们也有地方躲。

面对这样毁天灭地的灾难，幸存下来的人想活下去唯一的办法就是团结起来，用集体的力量来渡过难关。

这时候来自中原的夏朝选手就站了出来，他靠治水工程团结了人心，凝聚了力量，这才获得了登台的机会。治水工程结束后，夏朝选手已经是当之无愧的华夏一哥了，终于从后台走到了台前。

---

1. 见王晖：《尧舜大洪水与中国早期国家的起源——兼论从"满天星斗"到黄河中游文明中心的转变》，《陕西师范大学学报（哲学社会科学版）》，2005 年第 34 卷第 3 期。

和其他选手不同，夏朝的这个登场名额不是打出来的，是一起抗洪的小伙伴推选出来的，更像是武侠小说里的武林盟主，因为功劳最大，威望最高，实力最强，才被推举为领头人。

当然了，这种宣传通稿没经过一点润色和美化是不可能的。据集团内部流传的小道消息，夏朝选手能上位也是因为实力最强，拳头最硬。毕竟夏朝选手是治水出身，这身板，这体力，那在集团里绝对是横着走。

不过夏朝选手在其他方面就显得有点粗线条，连套成熟的文字都没留下来。这也是他的参赛资格饱受质疑的原因之一。

就这样，已经登场的选手都拼尽全力在舞台上努力表现自己，想多撑点时长，多捞点露脸的镜头。但后面要登场的选手已经跃跃欲试，他们出头的唯一办法，就是把老选手挤下去。

05

大名单更新:
竞争无处不在

大事年表

时间	外国	中国
公元前 2000 年	雅利安人进入印度北部	夏朝发生"太康失国"事件，进入"少康中兴"时期
公元前 18 世纪—前 16 世纪	《汉谟拉比法典》颁布古埃及第二中间期	商汤灭夏
公元前 16 世纪—前 15 世纪	赫梯灭亡古巴比伦印度进入吠陀时代米诺斯文明消亡	商朝经历"九世之乱"

历史的舞台上竞争越来越激烈。现在台上乌乌泱泱地站了这么多人，接下来的选手要是没点真本事，那估计只能一轮游了。

这不，又一群有特殊才艺的新选手锣鼓喧天、鞭炮齐鸣地走来了，他们对台上的老选手们发起了挑战。

首先遭殃的是古印度集团的哈拉帕选手，他遇到了来自游牧集团选手的突然袭击。

在广袤的东欧平原上，有一群骑马的汉子。他们不像农耕民族那样只蹲在一个地方刨土求食，而是会根据季节和气候的变化四处流动，这样才能养活家里的牛羊。他们的足迹遍布从印度到欧洲的广大地区，也成为现代印度人和欧洲人的祖先，所以人们就把这群喜欢到处逛的牧羊人称作古印欧人，他们也是游牧集团最早的创始人[1]。

---

1. 20世纪50年代，美籍立陶宛裔女学者玛利亚·金布塔斯（Marija Gimbutas）提出的坟冢假说，又被称为"库尔干假说"。

大约从公元前2000年开始，一部分古印欧人突然闯入了古印度集团的办公楼，把这里当成了自己的牧场，这群人在历史上被叫作雅利安人。雅利安人作为游牧集团的员工，自带的绝活就是骑马打猎。所以当他们骑着高头大马，喧嚣着从北边拥入平和又宁静的印度大陆时，哈拉帕选手一个不高兴就选择了神秘消失，直接退赛了[1]。

连选手都没了，之后古印度集团的业务基本就处于荒废阶段，整个集团也就被强制摘牌退市了。下一个以印度为集团名称的企业是在东边的恒河流域挂牌上市的，当然那是很久以后的事情了。

同样被赶下舞台的还有美索不达米亚集团的乌尔第三王朝，最终他在一拨拨新人的冲击下黯然退场。

俗话说得好，长江后浪推前浪，一代新人换旧人。老选手退赛了，新选手才更有机会展示自己。

首先在舞台上发光发热的就是美索不达米亚集团的新人——古巴比伦选手。

古巴比伦选手最大的优势就是地理位置优越，正处在两河流域下游的苏美尔地区，这里一直是整个美索不达米亚集团的核心办公区，这让他获得了很多关注和流量，变现能力远超其他人，钱包很快就鼓了起来。再加上家里水源丰富，土地肥沃，农业也非常发达，自然带来了自身实力的快速增长，那真是想不蹿红，天理不容。

---

1. 哈拉帕文明消失的原因存在争议，雅利安人入侵只是其中一种解释。

古巴比伦选手用了几十年的时间东征西讨，把周围的割据势力挨个打了一顿，建立起一个疆域从波斯湾到地中海的庞大奴隶制帝国，获得了全场第二张 S 卡。

而古巴比伦选手最具个人风格的代表作，就是他的那部《汉谟拉比法典》。这部法典被刻在一块巨大的黑色玄武岩石柱上，全文共 3500 行，282 条 [1]。这高端大气的典雅黑配色，这沧桑感十足的坚硬材质，再加上神秘的楔形文字，使整部法典看上去更像是一件艺术品，给人一种特别庄严神圣的感觉。

古巴比伦也凭借着这部法典，成为那个时代正义和法治精神的代言人——当然这只是少数奴隶主统治阶级的正义而已，不过这样的人设加持也足以让他在舞台上光芒万丈了。

东边的华夏集团也不甘落后，新上场的商朝选手也琢磨着怎么给自己加点戏。

商朝原本是夏朝手下的小跟班，特别擅长养马和养牛。夏朝选手火了之后就有点飘，竟然把自己比作永恒的太阳，各种横行霸道。这么不会做人自然搞得粉丝们心生怨愤，甚至恨不得和他同归于尽 [2]。

这时候商朝就趁机发展起来，各方面展示自己的宽容和仁义，以此来攒人缘，拉关系。

约公元前 1600 年，商朝召集志同道合的小伙伴正式对夏朝宣

---

1. 现存于法国巴黎卢浮宫博物馆。
2. 见《尚书·商书·汤誓》。

战。在开战前商朝选手搞了个战前动员大会，发布了带有军事法令性质的誓师词《汤誓》，大意是说：夏朝得罪了老天爷，现在老天爷让我灭了他。大家要是跟着我好好干，我保你吃香喝辣！要是不听话不干活，那就别怪我翻脸无情啦！

于是在重金诱惑加致命威胁下，原本夏朝的手下都倒戈到商朝选手这边了，商朝选手也轻松顶替了夏朝华夏一哥的位置。

除了擅长畜牧养殖和法律业务，商朝还有一个别人都没有的特殊才艺，那就是占卜算命，动不动就拿老天爷说事。因为商朝把自己包装成了老天爷的代言人，说什么"天命玄鸟，降而生商"，那意思就是老天爷就是我祖宗，所以不要得罪我，我可是有人罩着的！

既然有人关照，那就得经常汇报。所以商朝每天就各种占卜，大事小情都得先算上一卦才能行动，妥妥的选择恐惧症患者。

商朝选手占卜算卦的用具也很特别，是牛骨头和乌龟壳。他们每次算完卦都会把内容刻在这些甲骨上，这就是我们今天说的甲骨文。

对每天在那儿祈祷占卜显得有点神神道道的商朝，古巴比伦选手是有点看不上的："把字刻在骨头上多低级啊，看看我们这雄伟壮丽的玄武岩法典，这多永恒啊，还有比这玩意更硬的吗？"

来自安纳托利亚集团的赫梯选手表示，还真有。

那就是铁器。

赫梯选手来自两河流域北边的安纳托利亚半岛，这里也叫小亚细亚半岛，大概相当于今天土耳其的地理位置。这位选手最大的才

艺就是学会了使用铁质的工具和武器。这对当时还在拿青铜兵器互砍的其他选手来说堪称降维打击。

约公元前 1595 年，赫梯把风光一时的古巴比伦选手打到退赛，沉重打击了美索不达米亚集团的市值，然后他又把手伸向了隔壁古埃及集团。

此时的古埃及集团刚从第二次集团破产的危机中复苏。没错，这个集团之前破过一次产了，这是第二次，史称"第二中间期"。和古印度集团的遭遇类似，古埃及集团也遭遇了一群有马的劲敌。这群人叫喜克索人，他们驾驶着强大的马拉战车征服了埃及的北部。

等到赫梯选手强势崛起的时候，古埃及这边才刚摆平了内部矛盾，新出场的新王国第十八王朝选手赶走了闯入集团的喜克索人，重新统一了埃及。他甚至还冲出埃及，走向世界，把集团的业务版图扩大了足足一倍，周围很多选手都认他当大哥，这让第十八王朝选手终于解锁了帝国的头衔，获得了那张早已经不再稀奇的 S 卡。

既然 S 卡已经不足以证明自己的伟大，第十八王朝选手也只能在别的方面找存在感了。他凭借着雄厚的家底，大规模地修建雄伟壮丽的神庙——比如今天著名的卡纳克神庙，就是那时候大加扩建的。还有他不再搞金字塔建造，反而选择在幽深的峡谷中修建法老的陵墓，这就是今天很多人到埃及旅游都必去的景点——帝王谷。

第十八王朝选手强成这样，自然就和邻居赫梯互相看不顺眼。不过这二位也没有实力吃掉对方，暂时也就这么僵持着。

但在他俩的西边，古希腊集团的米诺斯选手已经坚持不下去了。

因为希腊半岛上出现了一位新人叫迈锡尼。这位选手和米诺斯一样帅气又多金，家里的大房子修得也是非常富丽堂皇。

但迈锡尼选手有一点和米诺斯不一样，就是这位是个武器收集狂，家里面不摆上百八十件兵刃都睡不好觉。这也可以理解，因为迈锡尼选手住的不是独门独栋的海景房，周围还有一大堆不怀好意的邻居，这家里的安保措施怎么着都得到位啊。除此之外，迈锡尼在家里修起了高大的城墙，还在家附近的高地上修建了卫城，占领了制高点。

修了这么多防御工事迈锡尼选手还是不放心。他把家里的装修风格也搞得十分粗犷彪悍，连日用品的一些装饰图案上都画满了各种战争场景，恨不得让所有人都知道自己是多么惹不起。

大约在公元前 15 世纪的时候，迈锡尼取代米诺斯成为古希腊集团真正的一哥。不过迈锡尼选手不喜欢在一个地方干站着，而是喜欢到处溜达，和舞台上的其他选手进行社交，顺便找机会走穴赚钱。

这么一群实力超群的新人扎堆出现，彼此之间自然是明争暗斗不断，为了争夺更好的排名而拼个你死我活。但斗争并不是历史舞台上唯一的主旋律，而那些看似领先的人也未必就能笑到最后。

06

舞台事故:
战争与和平

大事年表

时间	外国	中国
公元前 14 世纪—前 12 世纪	古埃及 "埃赫那吞改革" 古埃及与赫梯爆发卡迭石战役 海上民族入侵	商朝盘庚迁殷，进入"武丁中兴"时期

　　自从古巴比伦选手退赛之后，中东赛区就陷入了群雄割据的局面。一大堆名气不大的选手四处圈地为王，大家闹哄哄地挤在一起。

　　当然了，这些人中实力最强、发展前景最好的还是赫梯选手。这位选手最大的特点就是满脑子军国主义思想，最喜欢用武力来解决问题。不信你去问问曾经的受害者古巴比伦就知道了。

　　凭借着全民皆兵的尚武精神和发达的冶铁技术，赫梯成了那个时间段里舞台上最耀眼的明星，稳稳地压了东边的亚述和加喜特巴比伦一头，成为这一片区域内说话最大声的那个。

　　但隔壁古埃及集团的第十八王朝选手显然对赫梯的高调扩张非常不满。

　　此时的第十八王朝选手也正处在事业的上升期，其北部边境一直扩张到了今天的叙利亚地区，刚好和赫梯成了邻居。

　　赫梯对叙利亚地区也很有兴趣，因为这是整个地中海东岸商业贸易的十字路口，谁占了这儿都能捞到不少好处。但赫梯拿自己和第十八王朝进行了一番实力对比，觉得并没有十足的把握干掉对手，所以只能默默地等待合适的机会。

很快这个机会就来了，第十八王朝家后院着火了。

因为他发动了著名的"埃赫那吞改革"。具体做法就是信新神，搬新家，建新庙，把之前所有的都废了，想从信奉多神教直接改成信奉一神教。

这样剧烈的改革必然遭到保守势力的疯狂抵制，所以第十八王朝只能把全部精力都投入到内部斗争中来，对外面的事就管不过来了。

旁边的赫梯一看机会来了，马上出兵叙利亚地区，夺取了第十八王朝在当地的据点。吞下这块肥肉的赫梯那小日子过得真是美滋滋啊！

而第十八王朝那边折腾了好几年，改来改去又改回原来的样子，内部的问题搞定了，一抬头才发现自己的地盘被赫梯抢走了，这口气哪能忍啊，于是双方大打出手。赫梯倒是打赢了，但麻烦更大，因为他在和第十八王朝近身肉搏的时候被对方传染了瘟疫。这场大瘟疫一闹就闹了近二十年，搞得赫梯狼狈不堪。

等到赫梯这边挨过了瘟疫，古埃及集团这边也推出了新选手第十九王朝。这位选手作为一名新人，自然是精力充沛到无处释放，所以就想在赫梯身上找点存在感。

公元前1274年，第十九王朝集合起一支庞大的军队挥师北上，誓要夺回曾属于自己的领地。这支大军中有很多来自不同地区的雇佣军，堪称上古版的多国部队。

面对来势汹汹的第十九王朝，赫梯并没有退缩。他也召集了自己所有的手下迎战，双方共投入约五千辆战车，近四万名步兵，在一个叫卡迭石[1]的地方打成一团。

赫梯选手有装备和战术方面的优势，他们改造了战车，由两人驾驶变成三人驾驶，车轮也加固了，连马身上都有铠甲。于是战斗一开始，第十九王朝就被赫梯的战车冲锋打了个措手不及，要不是后续援军到来及时，这仗可能就打输了。这场战役也是人类军事史上第一场有文字记录的会战。

两位强者之间的正面交锋最终以一场两败俱伤的平局告终。既然谁也打不过谁，那干脆别打了。

首先抛出橄榄枝的是赫梯选手，他给第十九王朝发了条私信，表达了握手言和的意思。这也是没法子的事情，赫梯虽然保住了自己在叙利亚地区的地盘，但此时东边美索不达米亚集团的亚述选手人气上涨得非常快，西边古希腊集团的迈锡尼选手也在边境搞事情，赫梯只能和第十九王朝停战，这样才好腾出手来对付亚述和迈锡尼。

而第十九王朝也被多年的战争折腾得没了脾气，也就同意了赫梯的和平请求。

双方约定结束战争，保持和平，互帮互助，这份和约的内容被

---

1. 位于今叙利亚霍姆斯附近。

刻在银制的金属板上，史称"银板文书"。之前赫梯和其他人签合同都是用的铜板，而和第十九王朝这样的同段位选手签和约就换成了银板，这也体现了赫梯对第十九王朝的尊重。而第十九王朝这边也隆重地把和约内容刻在了卢克索的卡纳克神庙的墙壁上，因为这既是一份政治和约，也是一份宗教誓约。赫梯选手和第十九王朝选手分别向自己集团的众多神祇起誓，让这些神祇一起来监督双方，谁敢违背誓言谁就要遭报应。

这份和约结束了两位选手之间超过半个世纪的战争，也是历史上保留至今的最早的有文字记载的国际军事条约。

所谓不打不相识，这之后赫梯和第十九王朝还频繁互动，没事就互相发个私信联络一下感情，或者是互发红包、送点小礼物什么的。曾经大打出手的两人惺惺相惜，甚至开始称兄道弟，关系还挺融洽。有一次赫梯选手眼睛不舒服，第十九王朝选手还第一时间派自己的医生去给他送眼药水[1]，可以说是非常有爱了。

利用这个和平的机会，两位选手也就把更多的精力放在提高自身方面。第十九王朝这边继续大兴土木搞工程建设，而赫梯则把更多的精力放在对付东边的亚述和西边的迈锡尼上，眼看这形势是一片大好。

然而，一场突如其来的神秘舞台事故给了地中海沿岸的选手们当头一棒。

---

1. 见彼得·布兰德：《作为外交官的法老：拉美西斯二世和青铜时代晚期的赫梯帝国》，《南方人物》，2017 年 1 月。

首先是舞台的基础建设出现了质量问题。频繁的地震、干旱和饥荒让富裕强大的赫梯选手也尝到了饿肚子的滋味，他只能不停地给其他选手写信求购粮食。

除了天灾之外，人祸也接踵而至。

一群神秘人突然冲上舞台，对地中海沿岸的所有选手展开了无差别攻击。这群神秘人的身份复杂，谁也说不清他们到底是谁，又是从哪里来的。各位选手只看到他们坐着船从海上呼啸而来，挥舞着手中的武器见人就砍，看起来很像是海盗这个职业的祖师爷，所以大伙就给他们起了个笼统的代号，叫"海上民族"[1]。

古希腊集团的迈锡尼选手被打得元气大伤，只能龟缩在家里建造的防御工事后面瑟瑟发抖；而古埃及集团的第十九王朝和第二十王朝两位选手穷尽洪荒之力才打退了"海上民族"的入侵；亚述等美索不达米亚集团的选手因为更靠近内陆受到的冲击相对较小，基本上没啥大事；最惨的就是之前风光无限的赫梯选手了，他直接被这群"海上民族"打成了重伤，苟延残喘了一段时间后被旁边的亚述选手彻底终结了，曾经的舞台明星就这样消失在人们的视野中。随着赫梯选手的退场，曾被他当作压箱底绝技的冶铁技术迅速传播，铁器时代最终取代了青铜时代[2]。

---

1. "海上民族"（Sea Peoples）是古代埃及人对来自小亚细亚沿海和爱琴海诸岛的不同部落的统称。到目前为止，对于"海上民族"的来源这一问题仍然没有最终的结论。

2. 见涂厚善：《有关印度铁器时代开始年代的问题》，《华中师范大学学报（哲社版）》，1986 年第 6 期。

之后代表安纳托利亚集团出场的是吕底亚王国，这位选手的冶炼技术也很高超，不过他在意的不是怎么制造金属兵器，而是怎么铸造金属货币。后来吕底亚铸造的一种金银混合货币成为当时舞台上最保值的通用货币，也是历史上第一种发行流通的贵金属货币[1]。手握铸币权的吕底亚相当于家里有台印钞机，浑身上下都散发着有钱人的气息。

就这样，地中海沿岸的三大集团在这一波舞台事故中完成了一次选手名单的大洗牌。另一边华夏集团的商朝选手也正撸胳膊挽袖子地准备打架。

商朝自取代夏朝成为华夏一哥后其实并没过上几天好日子。内部的混乱和频繁的灾害逼得他只能不停地搬家，直至搬到殷（今河南安阳）这个地方后才安稳下来，所以商朝选手的另一个名字就叫殷商，他家的老房子就被称为殷墟。

殷这个新家的所在地虽然不用担心发大水，但周围还是有很多凶巴巴的邻居，什么羌方、土方、巴方、夷方、鬼方等，你听听这些名字就知道他们很凶，商朝和他们经常发生冲突。

当地中海沿岸的迈锡尼、赫梯和第十九王朝等选手正在遭受"海上民族"的入侵时，商朝也正和周围的邻居们打成一团，还是在一位女元帅的带领下。

这位华夏集团历史上有据可查的第一位女元帅叫妇好。甲骨文

---

1. 见希罗多德《历史》。

中记载她曾带领一支超过万人的大部队出击羌方，取得了巨大的胜利。她也曾和其他将领协同作战，利用地形把敌人引入包围圈一举歼灭，这是华夏战争史上有记载的最早的一次伏击战。

除了会带兵打仗之外，妇好同时也是一位杰出的女政治家，一个贤明的王后，一个虔诚的女祭司。

1976 年，妇好的陵墓在沉睡了三千多年后重新出现在人们的视野里。这座墓中出土了大量的玉器和青铜器等珍贵文物，其墓葬规格和随葬品之丰厚都让人大吃一惊。比如著名的国宝——妇好鸮尊[1]。"鸮"就是猫头鹰，在崇拜"玄鸟"的商朝眼中是吉祥和勇猛的象征。这件文物既代表了当时商朝的青铜铸造水平，也体现了妇好这位女元帅生前的地位有多高。

通过一系列的战争，商朝选手把东南西北几乎所有不安分的邻居都打了个遍，这下他终于能睡个安稳觉了。

这一轮折腾下来，舞台上的选手也都累了，大家都安静下来坐等下一轮比赛。但没人知道，一个惊天大瓜[2]已经预定好了热搜，就等着让所有人都大吃一惊。

---

1. 共两件，分别收藏于中国国家博物馆和河南博物院。

2. 吃瓜：网络流行语，指围观或旁观某一热点新闻、八卦事件。此处的"瓜"引申指热点新闻、八卦事件。——编者注

07

绯闻的真相：
海伦和妲己的背锅史

大事年表

时间	外国	中国
公元前 12 世纪—前 11 世纪	特洛伊战争爆发 古埃及第三中间期	武王伐纣

　　当时间进入公元前 12 世纪，突然一阵吵闹的叫骂声吸引了所有人的注意，隐约能听到什么"古希腊第一美女""臭不要脸卷钱私奔"之类的字眼。如此劲爆的话题瞬间点燃了所有选手的八卦之心，他们化身吃瓜群众迅速赶到现场开始了强势围观。

　　到了近前才看到，古希腊集团的迈锡尼选手带着一大群帮手正在砸门呢，一边砸还一边喊：

　　"特洛伊，你开门啊！别躲在里面不出声，我知道你在家！"

　　是的，被人堵在家里的那位就叫作特洛伊。这位选手出场的位置大致在今天的小亚细亚半岛西部，正好是欧洲和亚洲、地中海和黑海的交汇点，靠着南来北往的商队捞了不少钱。虽然他所在的地方是亚洲，但一般认为他应该算古希腊集团的一员。

　　那他又是怎么和同集团的迈锡尼选手结下梁子的呢？

　　据人群里消息灵通的人所说，原来是斯巴达王后——古希腊第一美女海伦被拐到特洛伊家去了，特洛伊走的时候还把斯巴达攒的私房钱也给一锅端了，这事办得的确太不地道了，所以迈锡尼才纠集了一帮手下浩浩荡荡地来砸门。毕竟这丢的不是斯巴达一个人的脸，简直是整个古希腊集团一起跟着丢人。

迈锡尼一看围观群众多也来劲了，他一伸手从旁边拉过来一个肌肉男对大家说："你们看看我这小老弟斯巴达，多可怜啊！连老婆都被人抢走了，我这个当大哥的能不管吗？今天说啥也得让特洛伊这个挨千刀的知道知道我迈锡尼的厉害！"

特洛伊当然是不会开门的，他又不傻。"反正我家防盗门够结实，家里的吃喝也够，哎，我就不出去，看你能奈我何？"

而迈锡尼搞出这么大的阵仗也不能白来一趟，于是双方就这么耗上了，这场仗一打就打了十年。

时间一长，迈锡尼这边就有点撑不住了。人家特洛伊是在自己家里吃香喝辣，而迈锡尼是带着一帮人在大野地里苦熬，这根本是一个天上一个地下啊！但特洛伊家的防盗门的确修得很结实，迈锡尼选手这都砸了十年了也没砸开，要是就此打道回府又拉不下脸。这可咋办呢？

这时候有人想出了一个绝妙的主意。

突然有一天，特洛伊选手发现门外的迈锡尼和他带来的人全都不见了，队伍撤得干干净净，只剩下一个巨大的木马放在原地，于是自以为胜利的特洛伊就把这个"战利品"搬回了家。后面的桥段大家都知道了：这木马里藏了好多士兵，他们趁着特洛伊放松警惕的时候钻了出来，从里面打开了特洛伊家的大门。

这边门一开，那边迈锡尼也带着人马杀回来了。坚守了十年的特洛伊选手就这样稀里糊涂地被踢出局了，这就是历史上的"木马屠城记"。后来有人专门把这个故事写成了书，名字就叫《荷马史诗》。

但是《荷马史诗》里并没有提到的一点就是，所谓的"夺回海伦"不过是这场战争的借口而已。实际上当时迈锡尼这个古希腊一哥已经有点撑不下去了，"海上民族"的不断侵扰让他疲于应付，集团里面内斗不断，人事变动频繁，就连赖以为生的商业也衰落了，如此糟糕的经营状况导致迈锡尼选手陷入了严重的财务危机，就想着去富庶的特洛伊家里抢一票，能弥补点自己的损失。

谁承想这一仗竟然打了这么久，就算最后打赢了也是得不偿失，甚至加速了迈锡尼的衰落。在这样的内外双重打击之下，迈锡尼选手慢慢从人们的视野中消失了。曾经繁忙的海港和商路荒废了，雄伟的宫殿变成了废墟，迈锡尼选手所使用的线形文字 B 也不再出现，整个古希腊集团陷入了业务停摆、无人可推的悲惨境地，历史上称这一时期为"黑暗时代"或"荷马时代"。

古希腊集团很惨，但没什么人同情他，因为周边的吃瓜群众的日子也不好过。

曾经称霸两河流域的赫梯选手已经黯然离场，新任霸主亚述选手正忙着抢地盘捡便宜，根本没空关注西边发生的事；而古埃及集团这会儿正在经历第三次破产，史称"第三中间期"，这次破产和之前不一样，闹得特别凶，持续的时间特别长，导致整个古埃及集团的市值严重缩水。至于已经退市的古印度集团更是没什么话语权了。之前闯入集团的雅利安人还在努力地学习怎么种地，明显没跟上其他选手的节奏。雅利安人有一套自定的等级制度[1]。为了维护自己的统治地位，原本的古印度集团员工都被他们丢入鄙视链的最底端，这种把人分成三六九等的形式就是后来印度"种姓制度"的雏形[2]。因为雅利安人是外来的白色人种，而古印度集团的原住民则是黑皮肤的达罗毗荼人，所以直到今天印度也依然以浅色皮肤作为高种姓的标志，不信你看看宝莱坞电影里的男女主角就知道了。

而同样是闹绯闻，有的闹得两败俱伤，有的却闹出了人生巅峰，华夏集团这边就诞生了一个因为对手闹绯闻而成功上位的新人。

这位选手的名字就叫西周。

西周原本是商朝在西边的小跟班。他一直很有追求，很早就有取代商朝的想法。商朝原本对西周也挺提防的，三天两头就抓过来敲打一顿。但西周的态度特别好，说让干啥就干啥，商朝也没办法下死手。

本来商朝要是自己不作妖，其实也不用太担心这个有野心的小跟班。但商朝除了热爱占卜算命之外，还自带宠妻狂魔属性，秀恩爱秀得民怨沸腾，秀到亡国灭种，这把狗粮[3]还真是有毒。哦，对

1. 见尚会鹏《种姓与印度教社会》。
2. 印度种姓制度的起源有多种说法，包括瓦尔那论、职业论、种族论、宗教论、雅利安制度论、原住民文化论等。
3. 狗粮：网络流行语，公开秀恩爱被称为"撒狗粮"，源自单身男女自我调侃为"单身狗"。——编者注

了，绯闻的女主角叫妲己，也是小说《封神演义》中的大反派。

商朝在那儿自废武功的时候，西周就趁机积攒人气和实力，慢慢地占有了集团的多数股份，已经"三分天下有其二"[1]了。

但实力已经很强的西周还是很谨慎，继续扮猪吃老虎。商朝被西周精湛的演技所欺骗，就放心地把主要力量投入东南方向开疆拓土去了，结果就出事了。

公元前1046年，西周趁着商朝选手的主力部队不在家的节骨眼，召集了很多对商朝不满的人开了个动员大会。西周在大会上痛斥商朝这种为了博美人欢心而完全不要节操的恶劣行为[2]，然后带着大伙就去找商朝算账了。

商朝只能把家里给自己干活的奴隶武装起来，想用这支部队暂时顶一顶。但这群临时组织起来的编外人员又哪能打得过西周率领的多国部队呢？更何况这群人平时都是白干活拿不到钱的被压迫对象，心里的怨气一点也不比对面的西周大军少，所以这仗一打起来奴隶大军立刻就倒戈了，直接加入了西周这边。

这下子商朝是彻底没戏唱了，只能让出华夏一哥的位置。不过华夏集团的传统就是不会赶尽杀绝，商朝虽然不能再站在聚光灯下，但还是可以站在舞台的边缘刷一刷存在感，没被彻底踢下台。这个地方大概就是今天的河南商丘，曾经的华夏一哥商朝也就缩水为后来春秋时期的宋国。

---

1. 见《论语·泰伯》。
2. 见《史记·周本纪》。

大家有没有发现，这绯闻的核心女主角在故事讲到最后好像都淡出了话题，变成了纯粹的选手互殴。

其实就像海伦不过是迈锡尼合法抢劫特洛伊的借口一样，妲己身上的黑料同样经不起推敲。挂在热搜上的那些"酒池肉林""炮烙挖心"之类的黑历史，有很多都是后人脑补，基本上越离谱的段子出现的时间就越晚。实际上西周和商朝开打的时候亲口说过，他要讨伐商朝不过就是因为这个货太爱喝酒，也太听媳妇话而已。[1]

但不管真相如何，西周现在已经是华夏集团的一哥了，他现在最担心的是别人会不会也像他一样有想法，也想要争一哥之位。

于是西周选手决定要憋一个大招。

---

1. 见《尚书·周书·泰誓》："今商瑴……淫酗肆虐。"《尚书·周书·牧誓》："今商王受惟妇言是用。"

08

人设崩塌：
礼制、上帝和运动会

大事年表

时间	外国	中国
公元前 11 世纪	以色列联合王国建立 迈锡尼文明消亡	西周确立分封制和宗法制
公元前 9 世纪	迦太基建城	西周发生"国人"暴动
公元前 8 世纪	古希腊召开第一届古代奥林匹克运动会 罗马建城，王政时代开始	西周灭亡

在选秀舞台上想走得远必须保持热度和关注度，而要做到这一点，最方便也最有效的方式就是给自己打造一个深入人心的人设。为此各位选手都纷纷开始了被迫"营业"，努力想要给粉丝们留下深刻的印象。

西周选手的"营业"方式就很有创意，一句话：广泛撒网，重点培养，人设不够，人数来凑。

他把自己的亲戚朋友全动员起来，让他们也作为选手登台，直接单飞变组合，也弄个类似的偶像天团，这就是历史上的"分封制"。

西周自己当队长，把最精华的地段留给自己，把未开发的边疆交给亲戚和手下。西周带的这个团大大小小加起来有上百人，不过队伍里最有存在感的也就齐哥、老晋、阿楚和大秦那么几位，他们的故事我们后面再说。

作为这个天团的队长，西周必须保证自己的绝对领导地位和整个团队的和谐稳定，所以他搞了一个名为"宗法制"的制度来进行团队建设。简单来说，就是用血缘关系把大家归拢到一个大家族里，大家都沾亲带故，当然要互相帮衬。同时亲戚之间也分个亲疏远近和辈分高低，这也方便家族的管理和传承。

光是人数多也不行，还得有自己的特点，这样才能保证自己的与众不同，才有吸引力啊。

于是西周就搞出了礼乐制度，就是用礼仪来区分等级，规范行为。不管是衣食住行还是婚丧嫁娶，无论是对外交往还是对内交流，都要按照"礼"的规范来进行。守礼的，那就是咱华夏的员工，是可以一起玩耍的小伙伴；不守礼的，那就是野蛮落后的蛮夷，是要被鄙视和打击的对象。

这也是"华夏"这个词的来历之一。"中国有礼仪之大，故称夏；有服章之美，谓之华。"[1] 意思就是中国人很讲究礼仪，中国人衣服很漂亮。这下子西周就一次性完成了从内在到外在的人设搭建，从此"礼"也就成了整个华夏集团最醒目的特点，之后不管是华夏集团的哪位选手上台，都把这一块的气质拿捏得死死的。

另一边中东赛区也新出场了一位选手，是来自黎凡特集团的以色列联合王国。以色列联合王国之所以叫联合王国，就是因为这实际上是一个双人组合，北边的叫以色列王国，南边的叫犹太王国

---

1. 见《春秋左传正义》。

（也称犹大王国）。而他们所在的集团黎凡特被强大的古埃及集团和美索不达米亚集团夹在中间，自身发展很受限制，在文化、制度等方面都深受两个邻居的影响，也随时面临南北两个方向的入侵。

说起来以色列联合王国的登场历程也是辛酸得很。大约在公元前17世纪的时候，因为闹饥荒吃不上饭，以色列人只能跑到南边的古埃及集团去当临时工混饭吃，就这样被人当二等公民欺负了四百多年。后来日子实在过不下去了，他们就决定回家。这条回家的路他们走了好久，也走得很艰难。在路上，以色列人接受了上帝的"十诫"，主要是关于宗教习俗和个人道德方面的规定，这既是所有员工的生活准则，也是整个集团最初的法律条文。

和上帝签了劳务合同后，以色列人觉得这回稳了，马上就要返回"流着奶与蜜"的故乡迦南，从此过上好日子了。

但这一切并没有发生。因为回到故乡的以色列人发现，自己的家已经被一群外来者占了。这群人就是我们之前说过的席卷整个地中海沿岸的"海上民族"。他们当中有一支腓力斯丁人就定居在黎凡特集团里了，正好占的就是以色列人原来居住的地方。后来这个地方被叫作巴勒斯坦，意思就是"腓力斯丁人的土地"。

以色列人一看这哪行啊，自己的地盘必须得抢回来啊。于是他们就团结起来和腓力斯丁人各种争斗。在不断的战斗中，他们觉得必须有一个能代表自己的选手，这样才能在历史舞台上发出属于自己的声音，于是以色列联合王国就这么登场了。

从踏上舞台的那一刻起，以色列联合王国就没过过什么好日子，但他始终相信这一切都是神的考验，因为他才是上帝的选民，是能够得到最终救赎的人。至于其他人嘛，呵呵，就等着末日审判的时候倒霉吧！

这样的心态让以色列联合王国选手面对再大的苦难也不放弃希望，他们一直在美索不达米亚集团和古埃及集团的夹缝中发展壮大。但有时候也表现得有点不合群，总是关起门来自己和自己玩，显得特别宅。

可不出门不代表不会出事。以色列联合王国虽然成功站到了舞台上，但这位选手的某些做法引起了团队内部的矛盾。公元前 10 世纪晚期，以色列联合王国的登场资格被一分为二，以色列王国和犹太王国正式宣布组合解散，各自单飞。这极大地削弱了黎凡特集团的实力，为日后的经营危机埋下了伏笔。

同样是虔诚的人设，古希腊集团就玩得更溜一点。

是的，在经历了几百年的黑暗时代之后，古希腊集团终于迎来了复兴时刻。以雅典和斯巴达为代表的一大批城邦选手纷纷登场。因为希腊半岛被山脉和海岸线切成一小块一小块的，这些城邦选手彼此之间都是独立的，谁也管不了谁，所以历史上称这一时期为城邦时代。

处于"城邦时代"的古希腊集团选手众多，优点是人气高、够热闹，缺点就是热闹得有点过头了。各位选手之间钩心斗角，甚至大打出手，那都是每天的必修课。

如何才能让这么一群彼此看对方不顺眼的新人找到一种合适的

发泄方式，不要动不动就拳脚并用地打成一团呢？

集团里一位叫伊利斯的选手想出了一个主意：不想打架，那就去运动吧！

公元前 776 年，在伊利斯选手的号召下，古希腊集团召开了第一届古代奥林匹克运动会。这是一种把宗教神话和体育运动结合起来的尝试，是用比赛的形式来表达对古希腊诸神的崇拜和尊敬。

所以开奥运会在古希腊集团里是一件非常庄重且神圣的事，大家都默认一个规定：在开奥运会这段时间里不得发动战争，彼此之间可以自由安全地流动，甚至敌人之间也得暂时握手言和。这在历史上被称为"神圣休战"。

这个"神圣休战"听起来很高大上，但有时候也会出现让人哭笑不得的情况。比如电影《斯巴达 300 勇士》，讲的就是希腊波斯战争中的温泉关战役，三百名斯巴达战士对抗十万波斯大军。故事和电影都很精彩，当然从历史的角度来说，这场战役参战的希腊联军有好几千人，只不过其中最有名的是负责断后的三百名斯巴达勇士。但大家有没有想过，为什么温泉关这么重要的地方只有这么点人驻守呢？

这是因为古希腊集团的大部分人都去参加奥运会了[1]，根据"神圣休战"原则他们没法过来支援，所以才造就了这场著名的阻击战。

古希腊集团对奥运会的重视持续了三百多年，每隔四年开奥运

---

1. 见希罗多德《希波战争史》。

会之前都会举行一场特别的宗教仪式。人们聚集在奥林匹克的赫拉神庙前，从祭坛点燃火炬，然后由火炬手把消息传递给各个城邦，就和我们今天看到的奥运火炬手接力传递一模一样。

总之在古希腊集团，各位选手都把对神的虔诚和对运动的热爱当成了最大的标签，所以在古希腊集团里特别流行裸奔，尤其是在运动场上。因为他们觉得强健的体魄和健美的肌肉是最美的艺术品，别人做运动的时候顶多脱下上衣、露出膀子，而古希腊这边经常连裤子都脱了[1]，是真真正正地赤膊上阵，坦诚相见。

当古希腊集团点燃奥运圣火塑造人设时，华夏集团的西周选手却因为一把火而人设崩塌。

公元前 771 年，西周选手遭到了游牧集团的犬戎选手的入侵，他赶忙点燃了骊山上的烽火台。因为按照分封制和宗法制的原则，西周有难，只要一点烽火其他人就得来救场，这都是早就说好的。

但是骊山上的烽火烧啊烧，就是没一个人来救驾，西周也就此完蛋了。

这咋和事先说好的不一样呢？

嗯，这也是没法子的事情，曾经口口声声说商朝选手是秀恩爱死得快的西周竟然也栽在同样的问题上了。周幽王为博褒姒一笑"烽火戏诸侯"[2]的故事大家都不陌生，那也是古代版"狼来了"的故事。

1. 见朱国庆、王润斌：《古代奥林匹克价值观的内涵、传承与启示》，《体育世界（学术版）》，2019 年第 9 期。

2. 见《史记·周本纪》。

当然也有史料证明，所谓点烽火的事根本就是扯淡，西周选手是因为自己人勾结外人才被搞下去的。西周虽然不在了，但他的登场资格并没有作废，他的孪生兄弟东周选手在洛阳闪亮登场。但东周选手已经没法像哥哥西周那样带领整个团队了，团队中的其他成员纷纷做大做强，华夏集团正式进入了礼崩乐坏的春秋时期。

而与此同时，西方世界也陷入了一场铁血风暴之中，大规模的选手淘汰赛即将到来。

09

成名之后见人品：
国虽大，好战必亡

大事年表

时间	外国	中国
公元前 8 世纪	亚述灭亡以色列王国	郑庄公称"小霸"
公元前 7 世纪	新巴比伦和米底瓜分亚述 吕底亚铸造出最早的贵金属货币	齐桓公称霸 管仲发动"贸易战争"
公元前 6 世纪	尼布甲尼撒二世建成空中花园	楚庄王称霸

公元前 8 世纪，刚拆伙单飞了没几天的以色列王国就迎来了自己在舞台上的告别演出。因为隔壁美索不达米亚集团的亚述选手已经解锁了帝国头衔，开始强势扩张。

说起来亚述也算是美索不达米亚集团的元老级人物了。这位选手登台很早，最开始也没啥追求，和身边的其他选手做做小买卖就满足了，所以经常被其他强势的选手欺负。时间一长亚述就觉得，这做买卖哪有直接抢来钱快啊。于是他就拼命武装自己，把自己打造成了一个暴力分子。尤其是在强横一时的古巴比伦、赫梯等明星选手下台后，亚述就成了最大的受益者，一下子就豪横起来了。

这时的亚述继承了前辈赫梯的军国主义作风，甚至有过之而无不及。在亚述看来，暴力就是一种艺术，对外征服就是人生的最高追求。他大规模装备了铁质兵器，组建了多兵种联合作战的常备军，甚至还创新性地发明了很多攻城武器。其他选手家的防盗门在亚述大军面前就跟纸糊的一样，一时间亚述大军所向披靡。以色列选手就是这样被亚述灭了，他的兄弟犹太王国因为办公室建的地方易守难攻，又非常识趣地交了保护费，所以才逃过一劫。

然后亚述继续南下，冲到古埃及集团家里去砸场子。此时古埃及集团的当家人是第二十五王朝。这位选手很特别，因为他是一位黑人选手，出身于尼罗河上游的努比亚地区（大约位于今苏丹北部）。这位选手意志坚定，作战勇敢，但在战斗装备上实在是有点落后，遇上亚述这样武装到牙齿的战争机器只能是屡战屡败，最终被赶回了努比亚老家。

南边打完了，亚述又把目光投向了东方。当时在美索不达米亚集团东边有一个新集团正在准备注册上市，那就是波斯集团。波斯集团有位选手叫埃兰王国。这位选手的实力也挺强的，美索不达米亚集团的另一位实力选手加喜特巴比伦就是被他灭掉的。

这个仇，亚述肯定是要报的，他很轻松就把埃兰选手也给灭了。亚述本来还想继续往东打，因为那里还有波斯集团的另一个选手米底王国。但再往东就是伊朗高原了，那地方海拔太高，地形太复杂，就算强如亚述这样的绝世高手面对它也有点肝颤，所以米底王国就这样保住了一条命。

经过这一轮的强势扩张，亚述成为一个横跨西亚和北非的世界性帝国，这也是亚述在舞台上最高光的时刻。

但是在历史的舞台上，战争的输赢并不是决定最终胜负的唯一因素。就算赢了再多次，人品太次也一样走不远。

满脑子用暴力解决一切的亚述选手显然在这方面存在巨大的缺陷。

亚述的扩张无疑是成功的，他通过不断对外征服掠夺了大量的财富和奴隶，这让他的小日子过得特别滋润。亚述选手在家里修建起奢华宏伟的宫殿，遍布帝国的公路系统，甚至还有规模庞大的图书馆，收藏了无数珍贵的书籍。

但这一切都建立在亚述选手对其他人的恐怖折磨之上。用他自己的话来说就是："我用敌人的尸体填满山谷，我砍掉他们的头颅装饰城墙，我把他们的房屋付之一炬，我用他们的皮来包城门，我把人活活砌在墙里，我把人用木桩钉在墙上，还要砍掉他们的脑袋。"[1]

如此简单粗暴的待人方式自然导致亚述选手收获了一堆敌人。在美索不达米亚集团内部，反对他，痛恨他，直接跟他干的人都不是一个两个。

公元前 626 年，新巴比伦选手登场了。他本来是亚述的手下，后来却跳出来另立山头了。为了和之前的古巴比伦选手有所区别，我们称他为新巴比伦。

新巴比伦上台后迫切地想把亚述给弄下去，所以他找到了同样对亚述恨得牙痒痒的米底选手。虽然米底和新巴比伦不是一个集团的，但谁让他们挨得近呢？而且波斯集团眼看就要上线运营了，不干掉亚述这个讨厌鬼，哪有别人的好日子过呢？所以双方一拍即合，

---

1. 亚述君王阿述纳西帕二世碑刻铭文。

共同对亚述开战。

而亚述这边虽然这些年风光无限，但过度的扩张和战争已经耗光了他最后一丝元气，在新巴比伦和米底的联合打击下，公元前612年，亚述这个曾经谁也惹不起的集团霸凌者，最终成了那个被踩在脚下的失败者，只能狼狈地躲到巴勒斯坦地区苟延残喘。

获胜之后的新巴比伦和米底瓜分了亚述的地盘，新巴比伦自然就成了美索不达米亚集团新任一哥。不过新巴比伦相较老大哥亚述这人品也没强到哪儿去。先是劳民伤财地修了个"空中花园"，接着又一直南下追杀奄奄一息的亚述，还和古埃及集团的第二十六王朝干了好几架。不过两位选手谁也弄不过谁，最后两败俱伤，于是新巴比伦一个不高兴就顺手把在一旁吃瓜的犹太王国选手给灭了，还抓了好多人回来当奴隶，一欺负就是好多年，这个事在历史上被称为"巴比伦之囚"。

当西边的几个集团乒乒乓乓打得热闹时，华夏集团这边也是乱成一团。西周当年弄了好多亲戚组团上台，这些选手有弱有强，彼此之间一顿乱战。接班的东周根本管不了，只能眼睁睁地看着很多跟自己沾亲带故的选手被踢下台。

没办法，东周这个名义上的大哥也过得很辛酸，各种入不敷出，逐渐债台高筑。不听话的手下一个比一个蹦得欢，他只能窝在小小的洛阳城里愁云惨淡，以泪洗面。

东周下台已成定局，关键在于空出来的位置由谁来填补。

第一个出来竞争华夏一哥位置的，就是来自东方的齐国，人称齐哥。俗话说，做人如果没梦想，那跟咸鱼有什么分别?!巧了，咱们齐哥既有梦想，又有咸鱼。因为他的办公室外面就是一片大海，这里有鱼也有盐。鱼是当时的高档食材，盐则是每个人都离不开的生活必需品。齐哥就靠着这一"咸"一"鱼"，那真是挣得盆满钵满。凭借着这笔原始资本，齐哥整顿内政，发展商贸，促进消费，还大力发展娱乐产业，甚至对外发动贸易战。

就这样，齐哥成为春秋时期的第一个霸主，但他并没有凭借自己的实力和霸主的身份欺负人，反而打出了"尊王攘夷"的口号，号召大家互相帮助，共克时艰。这既给了名义上的大哥东周面子，又团结了其他选手。什么叫会做人？这才是会做人啊！

齐哥西边的晋国——江湖人称老晋——对此非常同意。老晋也是华夏集团的实力选手，他基本上把自己东南西北四个方向所有的邻居都揍过不止一轮，连齐哥后来都只能给他打下手。

打赢之后的老晋带着北方的选手搞了个践土[1]之盟，内容也是从齐哥那儿山寨来的，大概就是大家要老老实实，不要对东周大哥不敬啊，不要欺负弱小啊之类的。

而名义上的集团一哥东周大哥也派人来表示很相信老晋的为人，还说以后就靠他去收拾那些不听话的主。

这个所谓的"不听话的主"，就是南边来的楚国，昵称为阿楚。

如果说老晋是北方黄河片区的话事人，那阿楚就是南方长江流

---

1. 践土：古地名，在今河南原阳西南。晋文公在此地与诸侯会盟，确立霸权，成为盟主。——编者注

域的扛把子。阿楚这个选手很奇特，他本来是西周大哥分封的比较低级的子男爵，却总觉得自己的职称应该往上提一提，几次三番地打报告都被拒绝了，一怒之下直接在南边自己称王了。只是他待的地方实在太远，西周大哥当时也顾不上，等到了东周选手上台，阿楚已经做大了，东周选手自身难保，只能任由阿楚在南边胡闹。

不过阿楚一直被北边的这些选手瞧不起，北边的选手觉得他没文化，都不爱带他玩。

但阿楚的野心也不仅仅是在南边混，他也想争一争这个集团一哥的位置，于是在南边打通关后就和北边的老晋对上了，晋楚之间打了好几轮，最开始晋国赢了，把阿楚打了回去。但在公元前 597年，阿楚又雄起了，把老晋打得落荒而逃。

战斗结束后，阿楚带着人打扫战场，就有人说了，应该把老晋手下的尸体堆起来，筑成一座"骨髅台"，这样才可以炫耀咱们的武力，吓唬其他的选手啊。

是不是看起来很眼熟呢？没错，这和亚述选手干的那些事是如此相似，都是用暴力来让别人害怕自己。

但是最终阿楚并没有这么做。

他说："战争不是为了炫耀实力，而是为了制止暴力，给大家带来安定。这些人虽说是我们的对手，但他们也是忠于自己的职责，他们又做错了什么？怎么可以糟蹋他们的尸体呢？"文化水平上升的阿楚选手还把"武"字拆开，告诉大家，"止""戈"才是"武"，也是非常高端大气上档次了。

之后华夏集团也延续了阿楚选手对待武力的态度，既不热衷战争，也不畏惧战争，逐渐在舞台上形成了自己独特的风格。

　　此时，随着舞台上选手们之间的互动和对决越来越多，实力不断增强，各自看自己原有的造型就有点看不下去了，毕竟出场装备都挺低端，也是时候给自己打造新造型了。

10

包装大师：
新制度从哪里来？

大事年表

时间	外国	中国
公元前 594 年	雅典"梭伦改革"	鲁国推行"初税亩"制度
公元前 518 年	波斯"大流士改革"	
"轴心时代"	出现苏格拉底、柏拉图、释迦牟尼等思想家	出现老子、孔子等思想家

许多明星的舞台初亮相都让人不忍直视，毕竟大家刚从素人变成艺人，总要有一个从平平无奇到光鲜亮丽的转变过程。随着比赛进入到公元前 6 世纪左右，各位选手纷纷开始了造型包装上的更新换代。

古希腊集团的雅典选手、华夏集团的鲁国选手，以及波斯集团的阿契美尼德王朝选手首先给大家打了个样。

咱们先来看看雅典选手。古希腊集团向来以工商业发达闻名，做买卖难免有赔有赚，有的人经营得当，变得越来越富，有的人则是赔得底掉，只能找有钱人借钱周转，慢慢地欠的钱越来越多，已经多到根本就还不起的程度。

在今天遇到这样欠钱不还的老赖，我们可以去法院起诉，将其列入失信被执行人名单什么的。但在当时处理这种人的方法特别简单粗暴，就是直接把他卖为奴隶，让他用自己的一生来还债。有时候一个人都不够卖的，还得把全家妻儿老小都卖了当奴隶才行，这个就叫"债务奴隶"。在古希腊集团，一旦变成了奴隶，就意味着这辈子都只能给别人当牛做马，甚至子子孙孙都只能当奴隶。这都不是欺负人了，简直是欺负人祖宗十八代。平民们虽然没钱没权，但是人数多啊。真把人逼得活不下去，那咱就同归于尽，谁也别想好。照这个情况发展下去，雅典估计马上就会陷入左右互搏的内战，肯定没有好果子吃。

很明显，这个时候不改变是不行了。于是一个叫梭伦的人为雅典选手设计了一套全新的包装。

梭伦这个人的经历很传奇，他出身于破落贵族，年轻时经过商，也打过仗，社会阅历堪称丰富。这样的人生经历使他几乎和所有人都挺聊得来，无论是贵族、平民、商人，还是军人，都把他当自己人。于是在公元前594年，梭伦被任命为雅典执政官，开始了历史上著名的"梭伦改革"。

所谓改革，就是要在两边找平衡，争取让所有人都能接受。所以梭伦也是尽可能地让贵族和平民都满意。

梭伦第一件事就是把债务奴隶制度给废了，平民们这下子乐了。

然后他按财产多少把所有的公民分为四个等级，使他们拥有的财富和权力成正比，贵族们对此也很满意。但并不是说贵族们就完全说了算，梭伦把公民大会设为最高权力机关，在贵族会议之外设立了一个"四百人会议"来行使行政权，又设立了公民陪审法庭来执行司法权，最低等级的公民虽不能担任官职，但能参与公民大会和

公民陪审法庭，所以大家也都能接受。

"梭伦改革"之后的雅典，成为整个舞台上造型最独特的一个，这个造型的名字就叫"直接民主"。后来古希腊集团的其他选手也或多或少地会往"直接民主"这个造型上靠，这让古希腊集团的选手在当时的舞台上显得特别有辨识度。古希腊被视为现代民主制度的源头，而雅典也被当成早期民主的典范。这种早期民主虽然只是极少数男性奴隶主的特权，但也称得上那个时代的创举。

巧合的是，就在雅典搞梭伦改革的同一年，东方华夏集团的鲁国选手也换了一个新造型，同样对整个集团都产生了巨大的影响。

华夏集团一直靠种地来创收，当时的土地制度叫"井田制"，中间一块公田，边上八块私田，就像一个"井"字一样。华夏集团的门口挂着个条幅，写着"普天之下，莫非王土；率土之滨，莫非王臣"。那意思就是这地都是大哥给的，你们都得向大哥交税。所以一直以来公田上的收入是上交的，私田上的收入才是自己的。西周大哥从其他选手那儿收租，其他选手再从底下的普通员工那儿收租。

但到了东周大哥在位的时候，他说话不好使，根本没什么人听。这样一来，大伙就都去种那不交税的私田去了，公田就没人种了。对其他选手来说，好消息是自己不用给东周大哥上贡了，但坏消息是自己底下的人也依样画葫芦，都种自己的私田去了。

既然"井田制"已经收不上钱来了，那还留着它干啥？其实之前华夏集团里的其他几位选手也想改革，但都小打小闹，没解决根本问题。

让所有人意外的是，第一个在法律上否认井田制的竟然是鲁国选手。要知道鲁国可是东周大哥最亲的亲戚之一，号称最遵守周礼的礼仪之邦，这么根正苗红的正面人物咋能干出这么颠覆传统的事呢？

嘻，没办法啊，周礼要遵守是不假，但钱也得挣啊。

于是鲁国选手的经纪人鲁宣公就来了一招"初税亩"。所谓"初税亩"，就是以后也不分什么公田私田的，只要是田那就得交税。

也就是说，以后土地就成了大家伙自己的财产，自己的东西当然要好好经营了。这样底下人得了好处，给上头交的税也嗖嗖嗖地往上涨。鲁国搞了"初税亩"后，其他选手也有样学样，土地私有制就这么确定下来，华夏集团里那本来就昂扬得不行的种地热情一下子变得更加澎湃了，大家伙都玩命地投入开垦荒地、精耕细作的劳作中去。所以华夏集团的历代选手都是舞台上最会种地的人，没有之一。

如果说雅典和鲁国选手这么玩命捯饬主要是因为遇到了跨不过去的坎，那波斯集团的故事就完全是另一种画风了。

波斯这个名字其实不是他自己取的。从公元前600年左右，古希腊集团的人开始用"波斯"这个词称呼这一地区。波斯集团的代表性选手从广义上来说包括之前出场的埃兰和米底，但真正让这家集团原地起飞的是一位叫阿契美尼德王朝的选手。

作为一个舞台新人，阿契美尼德王朝第一次登台可是一点也不怯场，他是一上来就炸场。无论是同集团的米底，安纳托利亚集团贼有钱的吕底亚，家里有花园的新巴比伦，还是古埃及集团的第二十六王朝等实力选手都倒在了他的脚下。阿契美尼德王朝在短时间内飞速蹿红，强势收割各路资源，带着波斯集团先后兼并了安纳托利亚、美索不达米亚和古埃及这三家老牌企业，还夺取了古印度和古希腊集团的部分产业，成为世界上第一个横跨欧亚非三个大陆的超级帝国，史称"波斯第一帝国"。

作为一个天王巨星，自然就要有点巨星的样子，于是阿契美尼德王朝对自己进行了全方位的升级改造。因为亲自操刀改革的经纪人叫大流士一世，所以这次改革史称"大流士改革"。

改革的主要内容包括加强集权、改革税制、建渠修道和制定国教等。

前三条都是在物质上加强他对整个集团的控制力，最后一条则属于精神文明建设。大约在公元前6世纪的时候，波斯集团内诞生了琐罗亚斯德教，因为这个宗教礼拜圣火，所以也叫拜火教。金庸先生的《倚天屠龙记》里面张无忌统领的明教就是从拜火教发展来的，书中的人气女主之一小昭最后不也被迫回到波斯明教总部去当教主了吗？

阿契美尼德选手就是通过这种宗教，把全集团的人都团结起来，形成了自己的企业文化。

历史上将公元前500年左右的这段时间称为"轴心时代"[1]，因为实在是有太多的新思想、新宗教和新制度在这段时间产生。比如老

---

1. 见卡尔·雅斯贝斯：《历史的起源与目标》，李夏菲译，漓江出版社，2019年，第9页。

庄的无为，孔孟的仁爱，释迦牟尼追求的众生平等，苏格拉底强调的"德性即知识"，等等。这也是因为随着比赛越来越激烈，所有人都在忙着改变，生怕被时代抛弃。

选手们的实力固然有强有弱，但这并不意味着弱者就只能任人宰割。

接下来，一场发生在强者和弱者之间的换位淘汰赛，即将带给我们更多意想不到的精彩内容。

11

逆袭:
希腊人的高光时刻

大事年表

时间	外国	中国
公元前 6 世纪—前 4 世纪	古希腊处于城邦时代 希波战争爆发 发生马拉松战役 发生温泉关战役、萨拉米斯海战	中国处于春秋时期 吴越争霸 三家分晋 田氏代齐

世界舞台上，西边的波斯集团在兼并了安纳托利亚、美索不达米亚和古埃及三家老牌集团之后，于公元前 5 世纪又盯上了身边的古希腊集团。

就实力对比而言，这两家集团完全不是一个数量级的。波斯集团身跨三洲，地连四海，资本雄厚，怎么看都算个跨国企业，集团一哥阿契美尼德王朝也是实力超群、人气爆表的舞台巨星；而古希腊集团规模小得可怜，就只有爱琴海沿岸这一圈，推举出的选手数量倒是不少，但大多数都糊得可以，也就斯巴达和雅典这二位还算有点人气，但咖位[1]和阿契美尼德王朝也根本不在一个层面。

阿契美尼德王朝选手没参加过奥运会，根本不懂什么公平公正的奥林匹克精神。他就觉得反正我这么强，就欺负你了又如何？于

---

1. 咖位：娱乐圈名词，指明星在圈内的地位。——编者注

是一场强弱分明到几乎没有悬念的 PK 赛就此开始了，史称"希波战争"。

说是 PK，其实原本应该是波斯对古希腊毫无悬念的实力碾轧。

当公元前 490 年，阿契美尼德王朝选手带着大军踏上古希腊集团的马拉松平原时，古希腊集团这边连出门应战的代表选手都还没选好呢。

之前也说过，古希腊集团内部都是糊咖[1]选手，虽然有近两百名，但能拿得出手的也就只有北边的雅典和南边的斯巴达。

阿契美尼德王朝登陆的马拉松平原就在雅典家门口，这一抬脚，雅典就要倒霉了。于是雅典赶紧给斯巴达发私信让他来救场子。但倒霉的是这时候斯巴达家里正在闹矛盾，根本就抽不出身来，只能被迫缺席这场挑战赛。没了斯巴达来雪中送炭，其他选手能帮的忙只是杯水车薪，雅典只能一狠心一咬牙硬着头皮自己顶上去了。

战争一开始，只见雅典选手一个箭步就直接冲出去了。没错，作为弱势的一方，雅典没有选择龟缩在家里防守，反而主动出击了。这看起来很有勇气，但其实也是被迫之举。一方面他们没打过攻城战，完全没有防守经验；另一方面家里人心不齐，要是一直窝着，外面人没打过来，内部可能已经内讧，死掉一大批了。

所以干脆就主动出击，和对面的阿契美尼德王朝拼了！

这一仗雅典选手发挥自己主场作战的优势，凭借着顽强的信念，

---

1. 糊咖：指娱乐圈内不知名、没有人气的明星。——编者注

最终击退了阿契美尼德王朝的入侵，在世界舞台上引起轰动。雅典以阵亡不到两百人的代价，顶住了对手强大的攻势，保住了自己的集团。

战斗结束了，当然要尽快把这个好消息告诉后方啊。于是一个叫菲迪皮茨的人奉命返回集团报信，他一口气跑了约四十千米，报完信后气绝身亡，这也就是今天马拉松这个体育项目的由来。

但马拉松战役并不是整场比赛的终局。

十年后，阿契美尼德王朝卷土重来。古希腊集团的各位选手这次有准备了，他们联合起来对抗这个强大的敌人。

最能打的斯巴达选手终于处理完了家务事，在温泉关打了一场非常惨烈的阻击战，这就是"斯巴达三百勇士"的故事。这一仗，阿契美尼德王朝胜。

但斯巴达的顽强阻击也为其他选手的转移赢得了时间，当阿契美尼德王朝冲进古希腊集团的办公室时，发现这里已经是人去楼空，就算占领了也没什么意义。

在陆地战场上，阿契美尼德王朝是王者，但到了海上那就另说了。古希腊集团是靠海上生意发家的，当然这生意里也包括当海盗这种无本万利的买卖，所以选手们在海上的战斗力是相当强悍的。

公元前480年9月，以雅典为首的古希腊联军把阿契美尼德王朝的海军主力引诱到狭窄的海湾里，发挥自己战舰小巧灵活的优势，一场伏击战几乎把阿契美尼德王朝的海军全给灭了。丧失了海军的掩护，阿契美尼德王朝只能再一次灰溜溜地逃回了波斯。

这第二回合的 PK 赛，又是古希腊集团笑到了最后。

一年后不服气的阿契美尼德王朝又组织了第三次西征。但这次就输得更惨了，无论是陆地上还是海上都没占到便宜，又被人家打崩了。

连续的失败极大地消耗了阿契美尼德王朝的实力，也使其内部的种种矛盾激化。为了稳定局势，阿契美尼德王朝只能含泪选择了收缩防御，而雅典选手则带着大伙逐渐转入反攻，建立了他在爱琴海海域的霸权。

这场 PK 赛雅典选手的成功逆袭看起来很神奇，但咱们深挖背后的原因，还是由于波斯集团多年来的连续扩张已经达到了极限，打到古希腊这儿已经有点打不动了。而古希腊集团的各位选手也是真拼命。因为他们对于实行君主制的波斯集团是打从心眼里就讨厌，这让他们即便面对实力上的巨大差距也不抛弃不放弃，就是和波斯集团死磕到底，这才大力出奇迹，实现了弱者对强者的逆袭。

另一边的华夏集团这里，类似的 PK 赛都搞了好几轮了。

东周大哥上台后，整个华夏基本就分成了两个片区，北边是老晋带领的北方"老铁"，南边是阿楚带领的南方"老表"，老晋和阿楚之间打了无数回，奈何两人都太强，谁也灭不了谁。后来老晋就想了一个阴招，偷偷扶持阿楚身后的邻居小吴，也就是吴国。最终在公元前 506 年，阿楚被小吴打倒在地，连办公室都让小吴给占了。

这赛果也是惊爆全场。谁能想到成天欺负别人的阿楚竟然也有

让人欺负的一天啊。阿楚被打得够呛，差一丢丢就退赛了。最后是西边的大秦拉了他一把，才保住了他在舞台上的位置。

第一轮PK赛，阿楚对小吴，小吴胜。

而成功逆袭的小吴正在那儿咧嘴乐呢，却没想到他背后的小越——越国一板砖就拍了过来。小吴和小越这俩冤家从小打到大，一度小越打输了还去小吴家当了好几年的勤杂工，这会儿小越趁着小吴在外面浪，就努力攒资本，看小吴不注意一把就把小吴推下了台，逆袭成功。

南边的PK赛搞得如火如荼，北边的选手们表面上看起来风平浪静，暗地里也是风起云涌，只是因为老晋这个大哥太强势，诸位小老弟谁都不敢和他公开PK。

但这并不代表老晋选手的日子过得很安逸，其实他才是最悲催的那个。因为他只是表面光鲜，实际上早就被底下的六个助理架空了，一点话语权都没有。

架空他的六个助理之间也是钩心斗角，矛盾重重，时不时就大打出手，很快就有两个助理领盒饭了，剩下四个中一个叫智氏的助理实力最强，已经成了老晋家实际上的当家人，其他人只能认他当老大，有不服气的，就被智氏按在地上打。一时间智氏在老晋家简直横着走。

另外三个助理实在看不下去，最后结成同盟，一举干掉了智氏，瓜分了老晋的家产，抢走了老晋的参赛资格。这三位助理就是韩、赵、魏，这一事件史称"三家分晋"。

无巧不成书的是，在老晋之前当过华夏一哥的齐哥家里也发生了类似的事情。公元前386年，齐哥被自己家的田助理冒名顶替了，史称"田氏代齐"。

　　因为这一系列的变故，华夏集团也从大国争霸的春秋时期，进入了铁血兼并的战国时期。

　　西方的古希腊集团有雅典和斯巴达两强对峙，东边的华夏集团有齐、楚、韩、燕、赵、魏、秦七雄并立，眼看着下一轮晋级赛就要开始了，到底谁才是大家心目中实力最强的种子选手呢？

12

不和传闻：
第零次世界大战

大事年表

时间	外国	中国
公元前5世纪—前4世纪	伯罗奔尼撒战争爆发	发生齐魏桂陵之战、马陵之战

成功挺过波斯集团的恶意并购后，古希腊集团也迎来了一波重大利好，这对集团里的选手们来说是一个收割人气的大好机会。

但外部的威胁解除了，往往也就意味着内部的竞争要开始了。据古希腊集团内部一位不愿意透露姓名的知情人士爆料，集团内部最有流量的雅典和斯巴达两位选手一直是貌合神离，互相看不上，甚至已经从暗地里的针锋相对发展到了公开的拉帮结伙搞对抗。

一直以来雅典选手都是集团的智慧担当，而斯巴达选手则是集团的武力担当。雅典实行直接民主制，有商业头脑，喜欢辩论、哲学和艺术，很有点文艺花美男的气质；而斯巴达选手则完全是走暴力肌肉男路线的。他实行"寡头制度"，就是极少数的贵族共同执政。他崇尚武力，一生最爱的就是锻炼身体然后出去打架，能动手基本不动嘴，是男人就战个痛快！

希波战争中这二位也都立下了汗马功劳，雅典在海上劈波斩浪，斯巴达在陆上重拳出击，两位选手带着大伙齐心协力把波斯集团的阿契美尼德王朝打回了老家。虽然雅典选手逆袭的美名在外，但总的来说还是斯巴达选手在集团的地位更高一点。

不过谁也没想到，当初并肩作战的队友，也有翻脸的一天。

其实矛盾的种子一早就埋下了，因为这二位不是一个风格，彼此看对方都不太顺眼，但在面对外敌入侵的时候他们也只能选择联手作战。一起对外的时候，他们俩带着其他选手还组成了个同盟，叫提洛同盟。同盟的总部就设在一个叫提洛的岛上。平时大家在这里开会议事，还集资整了个同盟金库，相当于大伙凑份子出的军费。

这个同盟在希波战争中发挥了巨大的作用，但战争结束后雅典利用这个同盟把斯巴达给欺负得够呛。

这就奇怪了，明明是两个人主导的同盟，雅典凭啥能一家独大呢？

这是因为在打仗时斯巴达和雅典都是主力，地位都很重要。但等到打完仗了，大伙都指望着去海外赚点小钱或者去波斯集团那儿抢点地盘来填补亏空，这个时候就需要一支强大的海军来配合。而海军正是雅典的优势，不管是谁想出海发财都得看雅典的脸色，甚至给他交保护费。

这下子雅典就豪横起来了，开始欺负其他选手。斯巴达虽然陆军很强，但在海上根本就说不上话，所以在提洛同盟里的话语权也就越来越小。

当惯了老大的斯巴达自然不愿意看着雅典越过自己，那些被雅典欺负的选手就成了他争取的对象。大约在公元前530年，斯巴达带着一帮小弟又成立了一个新同盟，叫伯罗奔尼撒同盟，专门和雅典领导的提洛同盟对着干。

古希腊集团的选手们就此分成了两大阵营。支持雅典的选手大多住在海边，或者干脆就住在爱琴海的岛上，他们要么得仰仗雅典的海上势力来赚钱，要么处于雅典海军的打击范围之内，只能跟着雅典混；而支持斯巴达的大多是他身边的邻居，主要都住在内陆，这帮人既不指望从雅典那儿捞到什么好处，也不担心雅典的海军，自然就站到了斯巴达这边。

人员、队伍、阵营都齐了，那还磨叽啥，开干吧。

公元前431年，雅典和斯巴达带着各自的一众帮手打成一团。但是这仗打得双方都有点难受，因为两人根本就不是一个赛道上的。

雅典陆军不行，海军很行，所以他就选择让陆军在家窝着，派海军出去四处进攻；而斯巴达则正相反，他让海军缩在港口，陆军则长驱直入去堵雅典选手的家门口。

最后导致的结果就是双方谁也逮不着对方的主力，斯巴达在陆上咄咄逼人，对着雅典喊："有种你上来啊！"雅典则在海上睥睨天下，对着岸上跳脚的斯巴达说："有种你下来啊！"

"你上来啊！"

"你下来啊！"

"我就不上来，你能咋的吧！"

"哎，我就不下来，我气死你……"

最终雅典和斯巴达都打烦了，就签订了一份和约，暂时休战了。

不过这份和约并不代表永久的和平，都想当集团一哥的雅典和斯巴达还是在憋着劲儿想弄死对方。雅典倒是不着急，他可以凭借海军优势从外面获得源源不断的补给，早晚有一天能耗死斯巴达。斯巴达也清楚这一点，所以他决定发展自己的海军力量。

不过养海军是很烧钱的，这钱从哪儿来呢？斯巴达选手表示，问波斯集团的阿契美尼德选手借就是了。是的，为了干掉挡路的自己人，骄傲的斯巴达选手选择了和曾经的敌人阿契美尼德选手合作，开始了对同门兄弟二打一的围堵。

最终雅典在军事和财政上被耗得油尽灯枯，只能选择向斯巴达投降，斯巴达也终于重登古希腊集团的一哥之位。

但这一切值得吗？

这场内斗把古希腊集团几乎所有选手都卷了进来，有人认为这场战争就是那个时代的世界大战。而战争之后也没有人是赢家，无论是胜利者斯巴达还是失败者雅典从此都一蹶不振，古希腊集团辉煌灿烂的古典时代也就此走向了终结。

无独有偶的是，此刻东方的华夏集团也打成了一锅热粥。毕竟东周集团一哥的身份从来就没好使过，集团里的其他选手都想当新大哥，谁的拳头都比东周大哥要硬。随着选手之间的互殴越来越频繁，手段越来越突破底线，华夏集团也进入了惨烈的"战国时期"。

本赛段第一个跳出来搞事情的是魏国，江湖人称老魏，他和南边的老韩（韩国）、北边的老赵（赵国）合称为"三晋"，因为当年

雅典 ←

波斯 ←

就是他们哥仨瓜分了老晋的地盘。

老魏继承的地盘比较分散，很容易遭到攻击，这让他很有危机感。所以老魏也比其他选手更加刻苦和努力，没事就自己给自己加练，努力在舞台上表现自己。他也是全集团第一个实行大规模改革的选手，这让他在华夏集团的地位急速上升。尤其是他有一支特别能打的部队叫作"魏武卒"，是当时华夏集团最强的重步兵。别说一对一了，就是一挑十都不在话下。不信你可以去问老魏的邻居大秦，当年大秦派了五十万大军去进攻老魏，结果被五万魏武卒打得几乎全军覆没，输得大秦差点自闭。

而东边的齐哥也好，南边的阿楚也好，都挨过老魏的揍，这让老魏成了华夏集团进入战国时期后最有希望当大哥的选手。

老魏就觉得韩、赵、魏三人本是一家，别人我不管，你俩怎么也得站在我这头吧。老韩倒是没说啥，但是老赵明显不乐意。他觉得大家都是"三家分晋"的选手，凭啥我就得比你矮一头啊？

暴脾气的老魏带上老韩一起把老赵的新办公室邯郸给堵了，这一下动静可就闹大了。边上的齐哥觉得不能让老魏这么嚣张，就来了个"围魏救赵"把老魏给阴了，这就是历史上的桂陵之战。

后来老魏又去堵老韩，齐哥又来拉偏架，又把老魏给坑了，这就是历史上的马陵之战。

连败两轮的老魏这下子算是彻底没戏唱了，他辛辛苦苦折腾一番反而成就了齐哥的高人气，真是"为他人作嫁衣裳"，说出去都要让人笑掉大牙。自此老魏在集团的地位就一落千丈，慢慢沦落为任人宰割的鱼腩。

但暂时的领先不代表最终的胜利，因为更加残酷的踢馆赛马上就要开始。自以为占据了舞台中心的这些胜利者，将面临来自角落里的神秘选手的强力挑战。

到底谁能笑到最后，恐怕还是个未知数。

13

踢馆赛:
角落里的终结者

大事年表

时间	外国	中国
公元前 509 年	罗马共和国建立	
公元前 356 年	亚历山大大帝出生	商鞅变法开始
公元前 330 年	波斯帝国灭亡	秦魏河西争霸
公元前 221 年		秦始皇统一中国

舞台上的激烈厮杀过后，幸存下来的选手都到了最疲惫的时候，他们本想回到休息室好好歇一歇，喘口气，却没想到一个让人崩溃的消息传来，让所有选手都没了休息的心情：紧张又刺激的踢馆赛马上就要开始，在场的每一位选手都可能遭遇神秘选手的踢馆挑战。

这下子休息室里可炸了营了。

波斯集团的阿契美尼德王朝表示自己还没从希波战争的失败中缓过劲来，这时候搞踢馆赛完全就是乘人之危。

古希腊集团的斯巴达选手则表示："你那都是小意思，我刚打完希波战争又打了伯罗奔尼撒战争，连干两场下来我和雅典现在是两败俱伤，集团里又冒出个底比斯选手来搞事，现在我们集团内部都从两极对峙升级为三国混战了，打来打去没一天消停，谁还能比我们惨啊？"

斯巴达这话说完有人就不乐意了，这位选手是刚挂牌的印度集团推出的新选手，名字叫难陀王朝。自从古印度集团的哈拉帕选手退赛后，整个古印度集团就垮了，最后只能整体搬迁到东边的恒河流域，重新以印度集团的名义注册上市。

难陀王朝就觉得斯巴达说那话特别凡尔赛[1]：好歹你们也在舞台上站半天了，哪像我们集团内部一共有十六个种子选手[2]，整天互相挤对，我好不容易才从这十六个人里杀出重围，刚在台上露个脸，连气都没喘匀就说要踢馆了，这也太命苦了吧。

华夏集团的齐哥、阿楚、老赵等也在旁边抗议，大家你一言我一语地吵了半天。当然吵了也是白吵，该来的还是得来。眼看躲不掉，大伙的注意力就转移到这位神秘踢馆选手的身份上。

按照一般的套路，来踢馆的应该是知名度不咋高，登台时间不咋长，大家也不怎么熟悉的新人。

雅典选手经常在地中海地区四处走穴赚钱，消息相对灵通一些。他说地中海西边还真有两个人符合踢馆选手的条件。

一个是约公元前814年登场的迦太基选手。这位选手其实是黎凡特集团派到非洲突尼斯来开分店的。只是没想到后来总集团黎凡特被兼并了，他这个分店反而成了唯一活下来的。另一个就是古罗马集团的罗马王国选手，他登场的时间和东周差不多。这位选手自称是当年特洛伊选手的后代，当特洛伊被迈锡尼带领的古希腊联军

---

1. 凡尔赛：网络流行语，形容话语明贬实褒，用委屈苦恼的口吻自我炫耀。——编者注

2. 史称"十六雄国"。

干掉之后，他就一路逃到了意大利半岛，然后在那里注册了古罗马集团。

迦太基和罗马王国就属于那种有点实力，但知名度又不够的选手，这么看起来确实很符合踢馆选手的标准。

但是其他选手对雅典的独家爆料有点将信将疑。迦太基选手的确很能挣钱，不过他主要的经营方向是地中海西边，貌似没有往东发展的意思；而罗马王国虽然名字叫王国，但舞台表现一直不太给力。公元前509年他改名叫罗马共和国，本以为改个名能转转运，却在公元前390年被一群叫高卢的野蛮人把办公室罗马城都给烧了，就这水平打踢馆赛那不就是来送人头的吗？

大伙你一句我一句地猜了半天也没个结果，当所有人忐忑不安地从休息区回到舞台时，却发现踢馆选手已经在那里等着他们了。

斯巴达、雅典和底比斯等古希腊集团的选手率先惊掉了下巴，因为这位踢馆选手居然是他们集团的同事，之前一直窝在角落里默默无闻的马其顿。

马其顿选手不是古希腊集团的核心团队成员，甚至很多古希腊集团的选手从来就没拿他当过自己人。因为不被待见，他也就躲过了集团内部一轮又一轮的内耗，反而可以趁着其他人自相残杀时暗地里搞改革，默默发展自己的实力。

除此之外他手里还有一张王牌，那就是一个超级经纪人——亚历山大。没错，这个人也正是我们非常熟悉的扑克牌里的梅花K。

亚历山大大帝被认为是西方最伟大的军事家，没有之一。连后来的法国战神拿破仑都把他视为偶像。这位超级经纪人不但年纪轻轻就把马其顿带得风生水起，甚至还立志要建立一个"世界帝国"，要带着马其顿把所有选手都踢下去，制霸整个舞台。

在他的带领下，马其顿在公元前336年一举击溃了雅典和底比斯带领的古希腊联军，打败了除斯巴达之外的所有选手，成为古希腊集团新的一哥。至于斯巴达，也不是马其顿选手打不过，而是那时候斯巴达已经混到了淘汰边缘，马其顿选手觉得完全没有打他的必要了。

于是第一轮踢馆赛，马其顿轻松获胜。但对他而言，这只能算是开胃小菜。公元前334年，马其顿正式对波斯集团的阿契美尼德王朝宣战。原因其实也挺简单粗暴，这两位本来就是世仇，之前都打过好几轮了。而且马其顿为了赢得之前的踢馆赛已经花光了兜里的最后一点钱，甚至还在外面欠了一屁股债，现在只能指望着去阿契美尼德王朝家里抢点钱来贴补自己了[1]。

对于来势汹汹的马其顿选手，阿契美尼德王朝是有点蒙圈的，他本来还乐呵呵地在旁边吃瓜看戏，谁承想这踢馆赛不止一轮，现在自己也成了要被踢的那个。

对面的马其顿选手可没那么多废话，他上来一顿组合拳就把阿契美尼德王朝给捶翻在地。很快他就夺取了原美索不达米亚集团和

---

1. 见周一良、吴于廑：《世界通史·上古部分》，人民出版社，1962年，第240页。

古埃及集团的地盘，并且一路追杀到波斯集团的总部¹。

公元前 330 年，曾经不可一世的阿契美尼德王朝被追杀得无路可逃，只能选择含泪退场。此时的马其顿选手也改了个名字，人们都叫他亚历山大帝国，一个用亚历山大的名字来命名的帝国。

不到十年的光景，亚历山大帝国就从一个古希腊集团的编外人员，发展成为一个兼并了古希腊、古埃及、美索不达米亚和波斯这四个集团的超级巨无霸，按理说已经算走上了人生的巅峰。

但他并没有停下自己东进的脚步，又跑到印度集团去踢馆了，打算把古印度那十六个种子选手也一并给灭了。估计要不是有喜马拉雅山拦着，他都能一路踢到华夏集团来。

印度集团里以难陀王朝为首的那些十八线小艺人哪里是亚历山大帝国的对手，很快印度集团的西北部地区就被征服了。眼看着亚历山大帝国选手就快要称霸舞台了，没想到这时候他自己却停下了脚步。

一是因为地盘扩张得太大也太快，已经有点管不过来了。二是因为出差这么长时间，团队里的小伙伴都非常想家，不愿意再往前走了。所以这踢馆赛也就只能比到这儿了。

不得已，亚历山大帝国停止了东征的步伐。印度集团的难陀王朝总算长出了一口气，不用担心自己被踢下台了。他转头看了看华夏集团的诸位，心说："还是你们好啊，这一轮踢馆赛竟然轮空了。"

---

1. 见阿里安《亚历山大远征记》。

其实并没有。

因为这场踢馆赛不止一轮，来踢馆的选手也不止一位。

就在公元前 356 年，也就是亚历山大大帝出生的那一年，华夏集团西北部的大秦选手搞了一次"商鞅变法"，并且就此获得了踢馆资格。

不过，大秦选手没亚历山大帝国那么有追求，他来踢馆只是想把华夏集团的几位选手踢下去。

说起来大秦和亚历山大帝国的前身马其顿挺像的。他们都蹲在集团的角落里，都在很长时间内遭受职场霸凌和歧视，被认为是野蛮落后的代表。

但也因为离核心部门比较远，他们反而获得了更好的战略发展空间，可以关起门来搞变革，快速积攒自身的实力。

其实这一时期华夏集团的其他选手也搞过变法改革，比如老魏的"李悝变法"，阿楚的"吴起变法"，老赵的"胡服骑射"改革，等等，但这些变法都不如大秦搞得彻底。再加上核心部门竞争太激烈，大家心不齐，经常互相拖后腿，这就更给了大秦选手各个击破的机会。不过华夏集团的规模毕竟要大一些，大秦选手干掉其他人花的时间也要长得多。

马其顿那边有亚历山大大帝，大秦这边就更牛了，连续诞生了七个能力超群的经纪人，第七个更是被称为王牌经纪人。用后人的话来说就是"及至始皇，奋六世之余烈"。没错，最终带领大秦走向辉煌的这位就是被称为"千古一帝"的秦始皇。

公元前221年，大秦干掉了华夏集团的其他六位选手，就此升级为大秦帝国，华夏集团在经历了几百年的混乱和分裂后，再次迎来了一位真正的一哥。

但是谁也没想到，无论是西边的亚历山大帝国还是东边的大秦帝国，似乎都在踢馆赛中耗光了全部的好运气，最终只能成为舞台上一闪而过的流星。

14

守擂赛：
偶像也翻车

大事年表

时间	外国	中国
公元前 4 世纪—前 3 世纪	印度孔雀王朝建立 亚历山大帝国解体	秦、赵二国发生"长平之战" 秦朝二世而亡

公元前 325 年，亚历山大帝国停止了东征的脚步，准备回家。

对此印度集团的难陀王朝选手恨不得鼓掌欢送。他本来都准备好了要统一整个印度集团，结束"十六雄国"的分裂局面，但没想到会赶上亚历山大帝国来踢馆，彻底打乱了他统一的计划。

好在亚历山大帝国后劲不足，难陀王朝这才逃过一劫。虽然集团西北的印度河片区还被亚历山大帝国占着，但难陀王朝也管不了那么多了，他现在就想好好喘口气，然后把自己的地盘稳定下来。

然而，就连这个小小的愿望他也没能实现，因为刚崭露头角之后他就翻车了，就翻在集团西北的印度河片区上。

事情是这样的：亚历山大帝国虽然打道回府了，但打下来的地盘还是要保留的，他就在印度河片区留了不少占领军。难陀王朝对这片沦丧的片区没啥想法，但人家片区内的人自己有想法啊！

一个选手在印度河片区闪亮登场，他的名字就叫孔雀王朝。你别看他名字听起来好像很温顺，没啥杀伤力的样子，其实他凶得很。孔雀王朝上台的口号就是驱逐侵略者，这让他获得了很多人的支持。于是他一鼓作气打败了亚历山大帝国留下来的军队，成功光复了印度河片区。

打跑了外面的敌人，接下来就要清算一下不给力的自己人。孔雀王朝看了看东边的难陀王朝："得嘞，你这么窝囊也甭在集团里混了，就让我送你离开吧！"

孔雀王朝要实力有实力，要人气有人气，已经被亚历山大帝国消耗了太多元气的难陀王朝根本就顶不住，三下五除二就被踢下了舞台，就此退出了比赛。

难陀王朝觉得自己好惨，好不容易挺过了亚历山大帝国的踢馆，竟然还是没能活过下一轮。但下一秒他就觉得平衡多了，因为他在淘汰区见到了一个熟悉的面孔，那个曾经给他带来无限苦难的男人——亚历山大帝国。

是的，曾经横扫欧亚非三个大陆，战无不胜的亚历山大帝国，也翻车了。

公元前 324 年初，亚历山大帝国近十年的远征终于结束，东征的军队返回了帝国的新首都巴比伦城，大约就是今天伊拉克首都巴格达附近。

但东边不打了，还有西边啊，地中海西边的广阔天地还等着亚历山大帝国去征服呢。

不过可惜，这次伟大的远征并没有成行。因为关键人物亚历山大大帝突然去世了。关于他的死因有不同说法，一般认为他是死于疟疾或伤寒之类的疾病，也有说他是被毒死的，甚至还有一种令人难以置信的说法，称他是被王冠上一颗巨大的红宝石所产生的激光射死的，总之就是英年早逝。

亚历山大大帝一死，事情马上就变得糟糕了。

因为整个亚历山大帝国九成以上的地盘都是在不到十年的时间内打下来的，这么短的时间内吞下这么大的一片领土，肯定没有办法好好管理。就好比一个人突然胃口大开，猛地往嘴里塞好多食物，就算他嗓子眼够粗能吞下也消化不了啊！

所以当亚历山大帝国这个缺乏底蕴的暴发户失去了唯一的精神领袖，无数的野心家就登场了，一场各种刷新下限的家产争夺闹剧正式上演。曾经辉煌一时的亚历山大帝国就此下线，这位明星选手从崛起到巅峰再到退赛，一共也就用了十几年，堪称文明舞台上最闪亮的流星。

而他留下的庞大遗产和海量资源也成了大家争抢的对象，这场争夺战史称"继业者战争"。

所谓"继业"，指的就是继承亚历山大帝国的伟大事业。这场旷日持久的内战前前后后打了四轮，最终产生了三位获胜者：以马其顿为老家的安提柯王朝、以埃及为基地的托勒密王朝和以叙利亚为中心的塞琉西王朝（又称塞琉古王朝）。

安提柯王朝曾经是最有希望重建亚历山大帝国的种子选手，但俗话说"枪打出头鸟"，他后来也是被打得很惨，大片的地盘都丢了，只保留了原来马其顿在欧洲的领土，这里是当年马其顿选手征服之路的起点，安提柯王朝相当于顶替了马其顿的登场资格，所以大家还是习惯称他为马其顿；而托勒密王朝就接手了之前亚历山大打下的古埃及集团，然后把它重建了，相当于跳槽出来单干了；至于塞琉西王朝，他获得的地盘最大，是原来亚历山大打下的美索不达米亚和波斯两个集团的地盘，大概相当于其他两位选手的总和那么大。

这三位新选手都以亚历山大帝国的继承者自居，也有重现亚历山大帝国当年辉煌的想法。但俗话说"三个和尚没水喝"，这三位凑在一起光顾着彼此干架拖后腿了，谁也没法压倒其他人。

塞琉西王朝一看西边占不到便宜，就打算在东边搞点事，他挥师东征，和印度集团的孔雀王朝干了一架。

这场战斗的最终结果有点迷幻，两边都宣称是自己获得了最终的胜利。但就后来双方签订的和约来看，摆明了是孔雀王朝这边更占便宜，这也让孔雀王朝在舞台上的人气飞速上升。

意气风发的孔雀王朝趁热打铁，一路横扫北印度，几乎统一了整个南亚，然后他也翻车了，只不过他的翻车不是因为丑闻或意外，而是因为做好事。

之前我们说过孔雀王朝选手刚上场时一直很凶。在统一印度集团的过程中他可是没少杀人。据说一次战争中他就杀了十万人，俘

亚历山大帝国

虏了十五万人，其他因战争而死的人就更多了。这杀的人太多了，后来连他自己都受不了了，就突然间转了性子，从一个暴力人设变身为主张非暴力的和平主义者了。

洗心革面的孔雀王朝就此停止了武力扩张，大力推广佛教信仰，使佛教成为印度集团的国教。孔雀王朝也变得非常佛系[1]，对其他宗教非常宽容，对地方的管理也非常宽仁。

但过于佛系也有问题，孔雀王朝很快就丧失了对地方的控制，刚统一没多久的印度集团又退回到各自为政的分裂状态中了。

对于孔雀王朝的佛系作死法，隔壁华夏集团的大秦帝国选手表示十分不理解。因为在他的观念里，手下就是用来利用的，臣民就是用来统治的，就应该严刑峻法，就应该轻罪重罚。

哼哼，我大秦就是这么威武，我看谁还敢炸刺？

嗯，然后大秦也炸了。

公元前210年，"千古一帝"秦始皇病死在巡游的路上，大秦帝国也就踏上了自取灭亡的快车道。

随着"王侯将相宁有种乎"的一声呐喊，轰轰烈烈的秦末农民战争爆发了。

虽然叫"农民战争"，但其实这场反秦起义的主导者并不是活不下去的农民兄弟，而是被大秦灭掉的关东六国，他们趁机搞了个复活赛。

---

1. 佛系：网络流行语，指一种不争不抢、看淡一切、随遇而安的生活态度。——编者注

很快齐哥、老赵、老魏、老韩、阿楚等熟悉的面孔就又出现在华夏集团的舞台上，仿佛一夜之间回到了春秋战国时期。

亚历山大帝国和大秦帝国，上一轮踢馆赛的两位胜利者，为什么都是一轮游呢？

其实这两位选手高速崛起又迅速陨落的原因还真挺相似，简单来说就是一飞冲天之后选择了用脸着陆。

亚历山大帝国和大秦帝国在各自集团里都是武力担当，碾轧其他选手都不成问题。但随着他们打下来的地盘越来越多，自身的实力也被一点点稀释了，亚历山大帝国到后来不得不大量招募亚洲的当地人当兵，大秦帝国在管理关东六国的土地时也不得不大量起用不符合标准的临时工。不是他们不想保持队伍的纯粹和战斗力，实在是没那么多人可用啊，只能这样自己往自己身边掺沙子。

亚历山大帝国和大秦帝国在一夜爆红后最需要的是沉下心来好好打磨自身的实力，逐渐稳固手里的基本盘，这样才能实现腾飞后的软着陆。

他们如果有充足的时间慢慢地消化这些新打下来的地盘，一点点消除本土和新领土之间的差异，完成从打天下到坐天下的转化，那也许还是有机会在舞台上多站几轮的。

但可惜两位选手都是刚爆红就失去了掌控大局的主心骨，内外危机一下子就爆发出来，让他们根本就没有机会慢慢来，只能继续抡起拳头来硬的，其结果肯定是越打越没希望。因为老方法跟不上新形势，打天下管用的办法，坐天下时却未必好使。

贾谊的《过秦论》中有一句话说得极好："仁义不施而攻守之势异也。"

这句话说得非常正确。

但秦为什么"仁义不施"呢？主观上是因为大秦选手一直是法家的信徒，对儒家的那一套不太感冒。但从客观上来说，这个舞台也确实没给大秦选手转型的时间啊。

一炮而红的感觉虽然很爽，但没有扎实的根基做支撑，终究只能是"其兴也勃焉，其亡也忽焉"的虚幻泡沫，随手一戳就破。

这可能就是这两位明星选手走上巅峰后又迅速翻车的关键原因吧。

15

晋级赛：
跟风跟出的王者

大事年表

时间	外国	中国
公元前 3 世纪	"希腊化"时代	百家争鸣走向终结
公元前 202 年	罗马在扎马战役中战胜迦太基	楚汉争霸中的垓下之战爆发

亚历山大帝国和大秦帝国这两位选手虽然在舞台上一轮游后就下线了,但谁也不能否认他们俩在历史舞台上的表现实在是太惊艳、太有特点了。

尤其是古希腊集团的亚历山大帝国选手,他作为整条街最靓的仔,所到之处无一例外地掀起了一股"希腊化"的时尚风暴。小到衣食住行、风土人情,大到文字艺术、社会制度,全方位地引发了其他选手对他的争相模仿,跟风蹭热度的人一拨接着一拨。

在公元前 3 世纪,从巴尔干半岛到印度河流域,从伊朗高原到北非沙漠,你要是家里没点古希腊风格的建筑,脚上没穿着古希腊特色的凉鞋,嘴里不整点古希腊集团常用的名词,那都不好意思跟别人打招呼,历史上把这个时期称为"希腊化时代"。

但真正把"希腊化"发扬光大的还得数古罗马集团的罗马共和国选手。这位选手可以说跟风跟出了新境界,直接把自己推上了人生巅峰。

罗马共和国原本只是意大利半岛上的一个新人，当古希腊集团忙着打伯罗奔尼撒战争，华夏集团战国七雄争霸时，罗马共和国还在忙着搞定身边的邻居，就这么一场菜鸡互啄的新手赛，他也足足打了两百多年才赢下来。

正因为自身实力有限，所以罗马共和国对于古希腊集团的先进文化非常向往，各种吸收和学习。

从某种角度来说，古希腊算是罗马共和国的老师，但他可一点都没有尊师重道的意思。在成功通过跟风包装提升了实力后，罗马共和国就开始对自己的老师下手了。当时意大利半岛南边有几个古希腊集团的小选手，江湖统称其为"大希腊"。罗马共和国就打算拿他们练练手，让大家看看什么叫青出于蓝。

这下子可捅了马蜂窝，古希腊集团那边很快就有人来替"大希腊"出头了，这位选手叫伊庇鲁斯。其实伊庇鲁斯在集团里也不算什么大咖，但他有个特别能打的经纪人叫皮洛士，这位哥一上来就连赢两局，打得罗马共和国丢盔弃甲。

但被揍得鼻青脸肿的罗马共和国并没有气馁，因为他有个最大的优点，那就是永不放弃，不管被打败多少次都不服输，就是不投降，就是跟你死磕到底。

罗马共和国输得起，伊庇鲁斯选手却赢不起了。因为客场作战就算是胜利，付出的伤亡也太大，他已经耗不起了。面对罗马共和国这么一个不死不休的狠人，伊庇鲁斯的经纪人皮洛士掐指一算，觉得这波操作怎么算都亏本，实在是划不来，所以他就带着伊庇鲁斯选手含泪回城了。后来就出现了一个谚语叫"皮洛士的胜利"，意思就是得不偿失。

罗马共和国成功地统一了意大利半岛，地盘和实力也得到了大幅度的扩展和提升。此时的罗马共和国已经升级为"希腊化2.0版本"。他既有古希腊集团的民主制度和进取精神，又避免陷入只会打嘴炮[1]和互相拖后腿的内耗中，这让他对外扩张的节奏不断加快，而且步子也越来越稳。

而他的下一个对手，就是我们之前提过的黎凡特集团的独苗选手迦太基。迦太基选手当时控制着地中海西部的贸易路线，每天都数钱数到手抽筋，自然不会允许罗马共和国挑战他的权威。罗马共和国想上位出头，迦太基要保住饭碗，那就只能在拳头上分胜负了，史称"三次布匿战争"。

第一局，两人在海上一顿混战，罗马共和国攻入迦太基本土，成功拿下首胜。

第二局，两人玩起了换家战术，你烧我老家，我端你老巢，就比比谁更狠。迦太基显然没有罗马共和国那么豁得出去，在公元前202年的扎马战役中输得一败涂地，被迫交出了全部的海外地盘，解除了武装，还背上了一笔巨额赔款。

已经是二比零的大比分了，按理说没有再开一局的必要。但罗

---

1. 打嘴炮：网络流行语，指吹牛，光说不练。——编者注

马共和国还不甘心，他的口头禅就是"迦太基必须毁灭"[1]，于是他硬拉着已经投降的迦太基又开了第三局，这一次他直接把迦太基选手的办公室都给强拆了。传说他还在废墟周围的土地上撒满盐[2]，这都不是斩草除根了，而是直接升级到使其土地寸草不生的境地了。

当然这个传说更像是一个段子，虽然流传非常广泛，但可信度不高，因为盐在当时属于很昂贵的商品，罗马共和国就是再土豪[3]也不至于拿这么贵的东西来报仇。不管怎么说，三次布匿战争打完，罗马共和国已经成了妥妥的地中海西部霸主，挤上了舞台核心位置。

而华夏集团这边也有选手通过跟风走上了人生巅峰，那就是西汉选手。当然他跟风的对象不是亚历山大帝国，而是华夏集团的前一哥大秦选手。

大秦选手当上一哥没多久，他的王牌经纪人秦始皇就下线了，随后大秦选手就开始走下坡路，很快连场子都镇不住了，于是原先被大秦赶下台的六国选手纷纷返场，憋着劲想焕发事业的第二春，还有一些新登场的选手也想趁机搏出位。在这场集体围殴大秦选手的战斗中，出力最多的有两个，一个是老牌贵族阿楚，一个是草根素人大汉，历史上我们称他们为西楚和西汉。

西楚实力强，自然说了算，他把华夏集团的地盘分成了十九块，

1. 语出罗马共和国时期著名政治家马尔库斯·波尔基乌斯·加图，通称为"老加图"。他在元老院中的任何发言都以这句话结束："在我看来，必须毁灭迦太基！"

2. 见《剑桥古代史》。

3. 土豪：本指旧时农村中有钱有势的地主或恶霸，也指暴富的文化素质不高的人，或喜欢炫富的有钱人。此处是网络流行语，指非理性消费。——编者注

伊庇鲁斯

匈奴

西汉

西楚

最好的一块他自己留着了，西汉则直接被他塞到了四川，那地方四周全都是山，进去了就出不来，和关禁闭也没啥两样。

西汉很憋屈，但也没办法，因为打不过就是打不过啊，他也只能等待机会。

很快机会就来了，由于西楚选手太霸道，东边的老赵和齐哥终于忍不住跳出来闹事了，西楚的精力都被吸引过去了，这也给了西汉突出重围的机会。

公元前206年，西汉趁西楚后方不稳，出其不意地夺取了大秦选手原来的办公室关中地区。他以此为根据地，与西楚选手争夺起华夏一哥的宝座，史称"楚汉战争"。

当然，实力的差距还是摆在那儿，西汉的开局战绩也是惨得没眼看，那真是打一场输一场，见一次败一次，动不动就被打崩盘。

但神奇的是，西汉虽然连着败，却是越打越强，而看似拳头更硬的西楚则是越打越弱。

最终在公元前202年，楚汉之间的最后决战——垓下之战爆发，西汉最终赢得了整场战争，成为华夏集团新的一哥。

巧的是，罗马共和国打垮迦太基的扎马战役也发生在这一年。

罗马共和国和西汉明明相距万里，却似乎达成了某种奇妙的共振。罗马共和国通过学习亚历山大帝国，把自己升级成了"希腊化2.0版本"，而华夏集团这边，在别的选手都唾弃大秦选手的时候，西汉也悄悄地把大秦选手的那一套学了个通透，史称"汉承秦制"。

简单来说就是西汉效仿了大秦选手制定的各项制度，比如皇帝制度啊，中央直接管理地方啊，统一的文字、度量衡啊，等等。这些东西概括起来就叫：专制主义中央集权制度。

这套制度的厉害之处就在于可以最大限度地调动集团资源，实现对集团的绝对掌控。大秦选手就是靠这一招横扫六国，把其他选手欺负得不行。

所以其他选手才对大秦深恶痛绝，以至于连带他的制度都看不上。尤其是西楚选手，他觉得自己就是那个打倒恶龙的勇士，为的就是恢复大地上的爱与和平。所以他一心想要恢复被大秦选手颠覆的分封制，自然不会跟风实行什么"秦制"。

西汉则完全相反，他打进大秦办公室之后做的第一件事就是把大秦手里的户籍档案之类的资料抢到手。

乱世中这些刻在简牍上的文件似乎除了拿来烧火也没啥用处，其实恰恰相反。这些文字里隐藏了大秦选手当年统一天下的最大秘密——对基层资源的调动能力。

西汉很清楚，正是凭借着这些记录在简牍上的海量数据，当年的大秦选手才能最大限度地掌握天下的土地、户口、税收等信息，了解天下山川要塞、人口分布、物产资源等情报。掌握了这样一个庞大而精密的系统，就可以精确地调动自身的所有资源，最大限度地动员战争潜力，就相当于一个武林高手打通了任督二脉，能把自身的全部内力都爆发成战斗力。

通俗来说，这就是几千年前的"大数据"治国啊，是真真正正的财富密码。

所以别的东西西汉都可以不要，这些看似无用的竹简却是他必须抢到手的。正是靠着这套"武功秘籍"，西汉选手越打越强，活活熬死了傲娇的老牌贵族西楚。而西汉也并没有生搬硬套，他成功上位后，又把大秦的那套制度进行了版本优化，比如历史上的"郡国并行制"，就是西汉选手的创意。

"郡国并行制"简单来说就是把华夏分成两块，西边用"秦制"，东边搞分封，这既让底下的小弟们尝到了甜头，稳定了集团的局势，又留下了让整个系统进一步升级的空间。

至此，改良版的"秦制"再次恢复，并经过后面一代代选手的不断完善，逐渐成为整个华夏集团规章制度中的一部分。

所谓"百代皆行秦政制"，说的就是这个道理。

所以跟风不可怕，照抄才尴尬。学习前辈的先进经验没有错，但也要找到最适合自己的那条路。罗马共和国和西汉明显非常懂理论联系实际的道理，所以他们才能成为当时舞台上最闪亮的双子星。

炸场的来了：
罗马向东，西汉向西

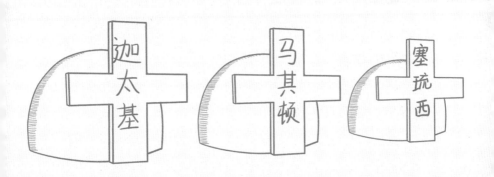

大事年表

时间	外国	中国
公元前 3 世纪—前 2 世纪	罗马发动四次马其顿战争	汉匈战争持续百余年 张骞通西域

在世界舞台的东西两端，罗马共和国选手和西汉选手各自站稳了自己的位置，也收获了不少人气。接下来他们就开启了在舞台上疯狂输出的炸场时间。

此时的罗马共和国刚用一波燃爆全场的组合拳把讨厌的迦太基送走，还敲到了一笔不菲的赔款，哎，这小日子是真啊真高兴。

然后他就看到了东边古希腊集团的马其顿选手，原本的好心情立刻就荡然无存了。因为马其顿这厮竟然趁着罗马和迦太基打得难舍难分时来趁火打劫，狠狠地敲了罗马共和国一笔。

说起来马其顿选手也是脑洞清奇。此时的他已经不是当年横扫天下的那个马其顿了，但作为曾经辉煌过的选手，他始终有一颗想翻红的心。所以他主动进攻罗马共和国，就是希望警告这个不安分的邻居：你最好就老老实实地在西边蹲着，地中海东边的事情少管。

但马其顿选手显然低估了他的对手，罗马共和国选手别的不说，死磕精神可是傲视全场的。有道是"君子报仇，十年不晚"，罗马报仇，从早到晚。

公元前200年，趁着马其顿准备扩张时，罗马共和国漂洋过海寻仇来了，史称"第二次马其顿战争"。这次罗马共和国一雪前耻，把马其顿一顿暴打，然后按着马其顿的脑袋签订了一份非常苛刻的和约，让马其顿也感受了一把什么叫丧权辱国。

经此一战，马其顿相当于被废了武功，已经翻不出什么新花样了。接下来罗马就盯上了亚洲的塞琉西王朝。这位选手继承了当年亚历山大帝国在亚洲的绝大部分领土，估计身上的油水也不少。而且塞琉西王朝这会儿也有闹心事，一个叫帕提亚的选手正在不断进攻他的东部边境。这位帕提亚选手于公元前247年正式登台，身上融合了古希腊集团和古波斯集团的双重特质，但他对外一直坚定地宣称是自己重建了波斯集团。

在帕提亚选手的助攻下，罗马共和国再接再厉，趁乱打了个劫，把塞琉西王朝胖揍一顿，再次收割了一大笔赔款。

经过这两战，罗马共和国已经成了地中海东部最强大的选手，离最终的横扫全场仅有一步之遥。

公元前171年，罗马共和国发动了"第三次马其顿战争"。也就是在这一战，曾经横扫欧亚非的"马其顿方阵"再次倒在了罗马军团的短剑之下。

此时的罗马共和国环顾四周，发现整个地中海沿岸真是一个能打的都没有，剩下的只有一些零敲碎打的收尾工作。

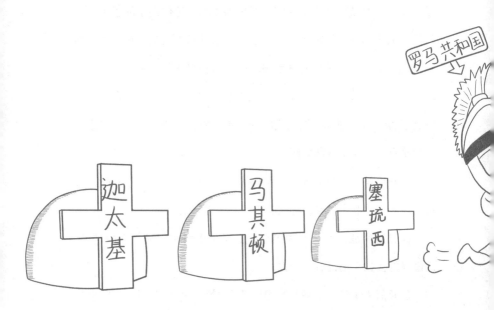

公元前146年，独孤求败的罗马共和国双线出击，同时击败了只剩半条命的迦太基和马其顿，也正式吞并了黎凡特集团和古希腊集团。

公元前64年，罗马共和国灭了塞琉西王朝，在中东站稳了脚跟，和波斯集团的帕提亚选手成了邻居。

只要干掉帕提亚，再往前就是印度。

在印度的东边，就是华夏，就是西汉。

那西汉当时在干吗呢？作为和罗马共和国同时崛起的选手，西汉此时的情况却不太理想，他已经原地踏步很久了。就在公元前200年，也就是罗马共和国发动第二次马其顿战争的同一年，西汉选手还被人揍了，差点退赛。

揍他的人就是游牧集团的匈奴选手。

如果说华夏集团的主营业务是种地，那纵横于欧亚草原上的游牧集团的主营业务就是畜牧业，简单来说，就是养牛、养羊、养马，养各种吃草的小动物。

要放牧就得到处乱逛寻找合适的草场，而且光靠吃肉也养不了太多的人，所以一直以来游牧集团都没有推出什么特别有影响力的选手。

但这一切都在大秦选手退赛后发生了变化。

当时华夏集团陷入一片内乱中，游牧集团的匈奴选手就趁机雄起，打垮了集团里的其他选手，把集团的版图扩展到华夏集团的北方地区，不但严重威胁着西汉的北部边境，也挡住了西汉选手向西发展的路。

西汉当然不能坐视不理，打败西楚之后，他就想趁热打铁把匈奴选手也一起解决了，于是他发兵三十二万北击匈奴，汉匈PK赛第一轮开始。

没想到匈奴没灭掉，西汉自己倒差点被人解决了。匈奴选手出动了四十万骑兵，反过来打了西汉一个措手不及，史称"白登之围"。

这一仗后西汉知道了匈奴的厉害，只能放下拳头，堆起笑脸，隔三岔五送点小礼物维持关系，然后腾出空喘口气好好发展自己。

这一忍，就忍了半个多世纪。

直到雄才大略的经纪人汉武帝出场，西汉选手才敢再度挑战匈奴选手，于是汉匈PK赛第二轮拉开了帷幕。

忍了几十年的西汉一次性爆发了所有的能量，连续发动三次大规模的决战，深入草原千里追击，一下子就把匈奴选手打掉了半管血。

正面炸场的同时，西汉也没忘了组建自己的小团队。他派出使节张骞去西域寻找帮手。

西域指的就是玉门关、阳关以西的广大地区，如果顺着这个方向一直走，西汉就能和罗马共和国迎面碰上了。

当然前提是得把挡在路中间的匈奴选手打趴下。

西汉本想找匈奴的宿敌大月氏一起来打匈奴，但没想到这位朋友搬了新家之后日子过得不错，没兴趣再回头和匈奴一决生死了。

没找到盟友的西汉就只能一个人和匈奴死磕，几轮 PK 下来，双方互有胜负，不过巨大的战争消耗也让西汉选手深感吃不消，他只能打一会儿歇一会儿，然后再打一会儿，就这么磨磨叽叽地僵持着。

同样都是实力出众的超新星，为啥罗马那边的炸场表演是一个接着一个，西汉这边就总是炸一把、颓一把，磕磕绊绊的呢？

其实很简单，因为罗马共和国是越打越赚钱，而西汉选手则是越打越赔钱，家底厚不厚直接决定了拳头硬不硬啊！

在选手初登台的时候我们就说过，华夏集团所在的东亚赛区有点与世隔绝。这样的好处是华夏集团能常年稳坐东亚的头把交椅，缺点则是周围连个能交流学习的都没有。而西边，不管是古罗马、古希腊，还是古埃及、古印度什么的，彼此都离得很近，无论是和平的贸易交流，还是暴力的拳脚相向，都能找到对应目标。

可华夏集团的选手们举目四望，发现自己就是这一片最大的土豪，谁和自己打仗都是赚钱，自己和谁打仗都是赔钱，这还有什么动力啊？

尤其是游牧集团的那些讨厌鬼，一个个骑着马跑得贼快，追吧不一定追得上，追得上也不一定打得过，就算打得过，又能有什么好处？

抢来的牛羊抵不上战争的开销，打下来的草原又不能种菜，留在手里完全没意义，这怎么算都是赔本生意啊！

西汉选手如果要对外扩张，就要先努力工作，拼命地种地，省吃俭用地攒下一笔军费，然后再拿这笔钱去打仗，当然等军费花光了，这仗也就打不下去了，就这么循环往复。

所以从一开始，西方和东方对于向外扩张的热情就不是一回事。西方的集团喜欢对外扩张，占领土地，恨不得把全世界都打下来才好，本质上就是为了赚钱抢资源；而华夏集团更注重发展自己，对于那些不能种地的地方一点兴趣也没有，只有在自己受到威胁了，或者需要和外部进行交流时，才会有向外扩张的动力，所以这种扩张总是断断续续的。

在这样漫长的拉锯战中，西汉的雄厚国力就成了胜利的保障。公元前60年，匈奴选手在西域的地盘基本上都丢没了，西汉正式设立了西域都护府，把这里打造成通往西方的始发站。当然他本人是没有兴趣再往西走了，毕竟凡是不能种菜的地方在西汉选手眼中都是垃圾。不过商队和使节什么的还是可以继续往西走的，一方面可以和西边的选手们交流一下，另一方面还能卖点土特产、整点代购啥的，这就是著名的"丝绸之路"。

到了公元前53年，一直风光无限的罗马共和国也踢到了铁板，他在和帕提亚选手PK的时候遭遇了惨痛的失败，宣告了他继续深入亚洲计划的破产，也意味着罗马和西汉面对面交流的机会彻底告吹。

这两位明星选手最终没能同框[1]成功，但一条绵延万里的"丝绸

---

1. 同框：指两个或两个以上的公众人物合照或出现在同一视频中。——编者注

之路"将他们紧紧联系在了一起。

罗马共和国，不，应该说是丝绸之路沿线的所有选手，都因为华夏集团出产的丝绸变成了剁手党[1]，他们与华夏也许没有面对面地交流过，却用另一种方式实现了奇妙的梦幻联动[2]。

---

1. 剁手党：网络流行语，指沉溺于网络购物的人群。本书中的"剁手"泛指沉溺于购物。——编者注
2. 梦幻联动：网络流行语，指两个或两个以上的公众人物或知名品牌等，本来没有交集，突然有了联系、合作等，让观者产生梦幻般的感觉。——编者注

17

复活赛:
怎么为帝国续命?

大事年表

时间	外国	中国
公元前 44 年	恺撒遇刺	
公元前 27 年	屋大维成为"奥古斯都"	
公元 25 年		东汉"光武中兴"开始

罗马共和国和西汉这两位明星选手虽然没能实现同框、合体营业，但两边的隔空互动并不少。简单来说就是通过"丝绸之路"买买买。

而如此频繁地"剁手"，就便宜了一个中间商，那就是波斯集团的帕提亚选手，他正好站在罗马和西汉中间，所以就理所当然地干起了物流中转的活儿。他的口号就是："我不生产啥，我只是丝绸之路上的搬运工。"西汉负责发货，帕提亚负责运货，罗马负责收货，一时间，整个舞台上洋溢着一股你好我也好的和谐气氛。

但表面的和谐之下其实暗流涌动，罗马共和国和西汉几乎同时陷入了危机。

简单概括起来就是一句话：人心散了，队伍不好带了。

先说罗马共和国这边。

罗马共和国的名字里之所以带"共和"两个字，就是因为他遇到事不是一个人说了算，而是叫上一帮人一起商量着办，虽然做不到平等地照顾每个人的利益，但总归能调动更多的人一起干事业，这让罗马共和国在舞台上既有活力又有战斗力，这才打下了一片大大的疆土。

但随着对外扩张的巨大成功，罗马共和国也变了。

海量的财富消磨了他的进取心，尖锐的矛盾拖住了他扩张的脚步，奢侈腐败、贪污浪费侵蚀了他的肌体，最关键的一点是他已经没有冲劲了。因为吃下去的太多，已经有点消化不良了。

当时罗马共和国非常骄傲地把地中海称作"我们的海"，承包个鱼塘算什么，我把整个大海都包下来！就是地盘太大，想见面开个会都麻烦，总是凑不齐人啊。

这呛人心肺的凡尔赛味，太冲。

但在没有现代通信和现代交通的古代，过于遥远的距离的确会引发很多问题。

最难办的一点就是共和体制下做决定需要开会，但彼此离得太远想凑齐人那可有得等了。而地盘越大，遇到的问题就越多，个个都需要尽快解决，要是什么事都等大家开完会商量好再办，那这事也就不用办了。

所以罗马共和国为了第一时间处理各种问题，就得把权力下放给一线的办事人员，但这帮人手中的权力一大，就容易变成独裁的军阀，反过来又形成威胁，这已经成了一个无解的死循环。

很明显，罗马共和国选手的事业发展已经遇到了难以突破的瓶颈，这时候就需要一个有魄力的经纪人带领他走出困境。

这个改变了罗马甚至整个欧洲历史的男人，叫作恺撒。

恺撒出身贵族，人缘好，能力强，他纵横捭阖斗垮了其他竞争者，最终确立了独裁统治，将分散的权力重新集中了起来。

关于如何走出困境，恺撒给出的解决方案也很简单。

先让罗马共和国安静退赛，然后改个名，以罗马帝国的身份复活，第二次站上历史的舞台不就好了吗？

当然这种表面看起来换汤不换药的操作，里面还是有些门道的。

因为只有独裁的君主制才能管理更多的地盘，毕竟一个人说了算，分散的意见才会集中，效率才会大大提升，这其实也是当时舞台上其他选手的主流玩法。

既然罗马共和国管不了那么多地盘，那就换更适应现实需要的罗马帝国上。

可惜，就差一步。

公元前44年，恺撒被刺杀了，不过这并不能阻止这场复活赛的进程。之后恺撒的养子屋大维继续推进养父未完成的事业，最终将罗马帝国选手带到了他应在的位置。

重新上场的罗马帝国立刻就腰也不酸了，腿也不疼了，胃口大开的他先把古埃及集团的托勒密王朝给吞了，这是古埃及集团推出的最后一位选手，从此古埃及集团被正式摘牌退市，消失在历史的舞台上。

焕发第二春的罗马帝国觉得很有必要和台上的小伙伴们打个招

呼，让大家重新认识一下自己，可他一抬头，发现自己已经不认识同台的小伙伴们了。

原来的西汉选手不见了，他的位置上站着一个不知道从哪儿冒出来的新人，非常新非常新的那种，因为这位选手的名字就叫新朝。

新朝选手微微一笑，表示西汉选手因为生无可恋，就把登场资格让给自己啦！从此以后自己就是华夏的新一哥！

对于新朝选手的这个表态，很明显有人是相当不同意，这个人就是西汉的孪生兄弟东汉选手，他抡起拳头挥向了新朝选手，一时间你来我往，场面一度失去了控制。

华夏集团的这场窝里斗，还得从西汉和匈奴的互殴说起。

在上一轮的赛事中，西汉和匈奴打了个两败俱伤，西汉靠着自己的家底硬撑到最后，这才勉强压过了匈奴一头。

这之后西汉和匈奴之间就没怎么大规模地动手了，偶尔有点小打小闹也都无伤大雅。

日子太平了，西汉选手也和罗马共和国一样走向了奢侈腐化的道路，什么吏治腐败、土地兼并、贫富差距之类的矛盾基本上一个不落。

更要命的是，华夏集团内部这时候还莫名兴起了一股封建迷信的歪风邪气，各种神神道道的预言啊、灵异现象啊之类的层出不穷，最后都汇总成一句话——"汉运将终，应更受命"[1]。

---

1. 汉家当"更受命"的说法最早见于《汉书·李寻传》。

意思就是西汉的选手资格马上要到期了，应该把这个让给更有能力的人。

对此，西汉选手想不信也不行啊。于是他决定：以毒攻毒！

简单来说，就是带头搞封建迷信，西汉选手对外宣称这个预言没错："我的选手资格的确马上就要被取代啦！但是被谁取代呢？哎，你说巧不巧，就是被我自己取代哟！"

历史上管这场闹剧叫"再受命"，说白了就是西汉换了个"马甲"，然后再把天命让给自己。

粉丝当然不买账，舆论也愈演愈烈，都在喊话让西汉快点退场，让真正有天命的人上来！

而这个"真正有天命"的人，就是新朝。于是在公元9年，新朝在粉丝的欢呼声中顶替了西汉的位置，站上了历史的舞台。

但是，这位选手生动诠释了什么叫希望越大，失望越大。他的表现还不如那个搞迷信的西汉呢，上来一顿脑洞大开地复古改革，把整个集团都搞得鸡飞狗跳。

最后逼得大伙都没了活路，得嘞，那就反了吧。这场席卷整个华夏集团的内乱，就是历史上的"赤眉、绿林起义"。

这场混乱中也诞生了一位运气和实力都逆天的经纪人，就是他带领着东汉选手成功复活，这个人就是被广大粉丝戏称为"位面之子[1]"的光武帝刘秀。

---

1. 位面之子：指天选之子。——编者注

在他的带领下，东汉重新拿回了华夏一哥的头衔，史称"光武中兴"。

此时的时间已经来到了公元后，罗马帝国和东汉通过复活赛二次登场，那个曾拒绝了西汉夹击匈奴请求的大月氏，也摇身一变成了贵霜帝国，雄踞中亚和印度北部，同时在游牧集团和印度集团中占有股份。再加上我们前面提到过的波斯集团的帕提亚选手，这四位"丝绸之路"沿线的实力巨星，被称为欧亚大陆上的四大帝国。

整个舞台再次进入一个相对稳定的阶段，直到一个更大的危机悄悄袭来。

18

黑幕躲不过：
三国鼎立与三世纪危机

大事年表

时间	外国	中国
公元 3 世纪	罗马出现"三世纪危机"	东汉末年分三国
公元 4 世纪	罗马帝国分裂 进入玛雅文明古典时期	进入东晋十六国时期

罗马、帕提亚、贵霜和东汉这几位上一赛段的"四大天王",在进入公元 2 世纪后几乎同时遭遇了事业危机。

波斯集团的帕提亚选手原本靠着"丝绸之路"能赚不少过路费,日子过得很潇洒。东汉作为卖家对他没啥意见,可罗马帝国这个买家就心里不爽了:"凭什么啊?咱就不能没有中间商赚差价吗?"

所以罗马帝国和帕提亚为了这点中介费好几次大打出手,漫长的战争最终掏空了帕提亚的钱袋子。元气大伤的帕提亚被同集团的另一位选手萨珊王朝所取代,不得不含泪退场。

顶替了帕提亚的萨珊选手作为新人一登场就火力全开,一顿左冲右突,在西边夺取了罗马帝国在中东的地盘,在东边把贵霜帝国打得抬不起头来,风头直追当年的波斯集团一哥阿契美尼德王朝,所以他在江湖上人送外号"波斯第二帝国"。

"丝绸之路"上的中间商换了人,这条商路两端的东汉和罗马帝国也有各自的烦恼。

通俗点说就是他们都遇上了躲不掉的黑幕和潜规则。

虽然是亲兄弟，但东汉和西汉拥有的话语权完全不一样。

西汉选手是素人登台白手起家，带着一群小伙伴组成了团队，一起拼事业。等到他当上一哥了，团队里的小伙伴也跟着鸡犬升天混出了头。

东汉选手则是通过复活赛二次登台的，他是因为有一群有能力的小伙伴支持才能当上集团一哥。

简单来说就是，西汉是选手成就了团队，而东汉则是团队成就了选手。

这就决定了东汉选手对支持自己的这些大佬真的有点管不住，这帮有实力的大佬在当时被称作"豪强"。

不要把他们和今天的土豪相提并论，那根本就不是一个维度的概念。

这帮豪强世世代代当着官，手里的钱多得能搞一个独立的国家，更可怕的是他们还掌握着舆论导向，可以说此时他们才是华夏集团真正的BOSS。后来历史上把这群超级有能量的幕后大佬称作"士族"。

可怜的东汉只能选择和士族合作，不然他的参赛资格都保不住。在一开始的时候，东汉选手的实力和人气都处在巅峰，能给这些大佬带来不少好处，那自然是你好我好大家好。但随着东汉也慢慢地开始"放飞自我"不上进了，他对团队的控制力越来越差，能给团队带来的好处也越来越少，于是这些幕后大佬就坐不住了。

他们开始拉帮结派，扶持自己的代理人，公然挖东汉的墙脚。对他们而言，谁最听话，谁能给他们最大的好处，谁就能站在舞台上。

最终过气的东汉选手被一脚踢开，魏、蜀、吴这三个新选手闪亮登场，华夏集团进入了短暂却精彩纷呈的"三国时代"。

直到公元280年，最能代表士族利益的西晋选手再次统一了华夏。本来他也就是再走一遍当年东汉走过的老路，继续当士族的提线木偶而已，只要不出大乱子，也能在舞台上安安稳稳地待下去。但没想到这位选手家里的破亲戚太多，出来八个姓司马的王爷一番内斗，把好不容易稳定下来的局面又打得一团乱，史称"八王之乱"。

自己关起门来互殴也就罢了，这场大乱斗中西晋选手竟然把北边游牧集团的选手也给拉了进来。这种引狼入室的操作堪称史诗级作死。

其实自打东汉选手上台之后，北方草原上的匈奴、鲜卑、羯、氐、羌这几位选手就不断向南迁徙。"八王之乱"给了他们趁机做大的机会，华夏集团的北方成了这些人纵马驰骋的天下，西晋选手就这么被打得退赛了，他的一个亲戚逃到了江南地区，宣布继承西晋的选手资格，这就是后来的东晋。

此时的华夏集团的南面和北面形成了"冰火两重天"，北边是一堆游牧集团的选手在打来打去，南边则是东晋抱着半壁江山不思进取。

这些游牧集团的选手来到华夏集团的地盘后，也纷纷改头换面，都想整个有华夏特色的名字。但由于这一阶段登场的选手实在太多，以至于注册名都用光了，只能你用完了我接着用。

所以我们就看到了五个叫凉（前凉、北凉、西凉、后凉、南凉），四个叫燕（前燕、后燕、南燕、北燕），三个叫秦（前秦、西秦、后秦），两个叫赵（前赵、后赵）的重名选手，以至于后世的史学家们不得不在他们的名字前面加上东南西北和前后才能区分。

他们中比较有存在感的有十六个，历史上称他们为"十六国"[1]。

华夏集团一南一北陷入了长时间的分裂和对峙，另一边罗马帝国的日子也过不下去了。

我们前面提到过，古罗马集团的选手之所以如此热衷于对外扩张，就是因为通过战争能去别的选手那儿明正言顺地抢劫。除了直接抢钱，那些被吞并的集团里的员工还全部变成了他的奴隶。

抢来的钱是一次性的，花完了就没了，但抢来的奴隶是可持续性的，能一直干活给他挣钱，他还不用给这帮人发工资、缴五险一金什么的，只要给口饭吃饿不死就得了，这简直是一本万利的生意。

所以古罗马集团的富庶和辉煌就是建立在对大量奴隶残酷剥削的基础上的，这就是罗马共和国和罗马帝国能称霸这个舞台最大的黑幕。于是在古罗马集团内部就形成了一条不可违背的"潜规则"，

---

1. 见崔鸿《十六国春秋》。

那就是必须扩张，必须不停地对外扩张，不停地抓奴隶以完成 KPI，不然整个集团就得垮。

罗马共和国没有冲劲了，那就换更有能力的罗马帝国。但罗马帝国能力再强，也不可能无限地向前冲，很快他也乏力了，只能无奈地停止了大规模的对外扩张。

对外扩张一停，就没法抓新奴隶了，想要赚更多的钱那就得加倍剥削原有的奴隶。其结果自然是造成这些奴隶大量死亡和反抗。然后奴隶变得更少了，受的苦更多了，死亡和反抗也就更剧烈……整个罗马帝国就陷入了恶性循环。

罗马帝国选手悲哀地发现，奴隶制已经越来越无利可图，自己还得投入大量的人力物力去抓捕逃奴、镇压奴隶起义，完全是两头亏钱，钱包也肉眼可见地瘪了下去。

这一缺钱啥毛病就都来了，军队叛乱，政治暗杀，边境告急，地区分裂……这段糟心的岁月在历史上有个专有名词，叫"三世纪危机"，跟华夏那边"东汉末年分三国"的乱世基本同时。

好在华夏那边出了个晋武帝，带领西晋选手结束了三国的乱世，西边的罗马帝国也终于遇上了一个有能力的经纪人戴克里先，总算在磕磕绊绊中挺过了危机。

这之后罗马帝国选手突然就"想开"了。想分开的那种。

之后的一百多年里，罗马帝国不定时地玩起了分身术，动不动就分裂成东西并立的两个人，然后重新合体，然后再分开，再合体……嘿，就是玩。

直到公元 395 年，罗马帝国正式拆伙，分裂成西罗马帝国和东罗马帝国两位选手，彻底不在一起玩了。

一时间，舞台上罗马东西分裂，华夏南北对峙，各自都不太平。

暂时的同步不代表最终的结果。罗马的分裂是永久的，而华夏的统一是必然的。

很快就会有人来证明这一点。

19

舞台生存守则:
华夏分久必合，罗马合久必分

大事年表

时间	外国	中国
公元 5 世纪	匈人帝国席卷欧洲 西罗马灭亡 法兰克王国改信天主教	北魏统一北方 北魏孝文帝改革 北魏迁都洛阳

华夏集团自西晋选手退场后，集团的总部黄河流域被西晋当年引来的游牧集团选手占了。

而古罗马集团的西罗马选手，和西晋一样，名字里都带个"西"，巧合的是他也倒在了一次又一次的蛮族入侵上，连起家的意大利半岛都丢了。

这帮所谓的"蛮族"主要指的是日耳曼人¹。日耳曼人原本是游牧集团的员工，以打猎和畜牧为生，经常到处乱逛。后来他们在不断迁徙的过程中就定居在古罗马集团北边的森林里，没事就打打猎、种种地，过着纯天然的绿色有机无公害的田园生活。

但可惜他们摊上了一个叫罗马共和国的邻居。罗马共和国觉得这帮没文化的蛮族就是用来征服的盘中餐，所以隔三岔五地就到他

---

1. 日耳曼人和凯尔特人、斯拉夫人并称为"欧洲三大蛮族"。

们的地盘上来打劫。

日耳曼人虽然文化水平不行，打架却是一把好手，人家都打上门了，自然是要去找回场子的，于是他和罗马共和国你来我往，双方就这么互相伤害了几百年。

后来罗马共和国变成了罗马帝国，罗马帝国又分裂成西罗马和东罗马。

虽然名字里都还带着"罗马"，但这两位选手的性格不太一样。东罗马选手第一时间开始在家里砌墙，把自己的办公室君士坦丁堡修得又高又坚固。

西罗马选手则采取了另一种办法，他在边境招募了很多日耳曼人当雇佣军，让这帮蛮族来帮着自己防御蛮族。

至于效果嘛，咱们看结果就知道了。东罗马虽然也经常被人打上门来，但在家里躲一阵也就过去了，而西罗马则是隔三岔五就被人破门而入抢一轮，日子过得那叫一个惊悚。

其实西罗马也是无奈。之前的集团内乱已经耗光了他的元气，他是既没钱在家里修碉堡，也没力气和边境的蛮族硬碰硬，所以只能想出这么个"以蛮制蛮"的法子。他想着反正这帮日耳曼人也不团结，就让他们内斗，不管谁死了自己都不心疼。

西罗马选手想的是挺好，但计划没有变化快。

从公元 4 世纪开始，原本分散居住在古罗马集团边境的汪达尔、西哥特、法兰克等日耳曼选手也不知道是发了什么疯，突然乌泱泱地开始往西边和南边跑，直接闯入西罗马选手的地盘，就在这儿赖着不走了，这就是历史上的欧洲民族大迁徙。

这么多人一下子拥过来，瞬间就把西罗马选手的家挤成了沙丁鱼罐头，而西罗马那羸弱的小身板被这么多日耳曼选手夹在中间，连气都快喘不上来了。

他一问才知道，原来这帮人是被一个东边来的新选手打得受不了了才跑过来抱团取暖的。

西罗马一听直呼好家伙，还有人能把这帮凶狠的蛮族欺负成这样，那这人得多凶啊！

你还别说，这位新来的选手那是真的凶。因为他的名字就叫"匈人帝国"。这位选手无论是从长相上还是生活习俗上来说都不像欧洲人，倒像是从亚洲那边过来的，所以有人认为他就是匈奴选手的新"马甲"。

不对啊，匈奴选手不是在东边和西汉打架吗，怎么跑到西边来了？

事情是这样的，作为游牧集团曾经的明星选手，匈奴在西汉和东汉两位选手的持续打击下早已风光不再，最后分裂成南北匈奴。其中的南匈奴选择妥协，直接投靠了东汉，而北匈奴则被打得一路西逃，留居漠北，后来大家谁也没注意他到底去哪儿了。

巧合的是，几百年后"匈人帝国"选手就突然出现在欧洲，然后就开始了开挂般地暴揍全场。不只是日耳曼人和西罗马选手遭了殃，就连东罗马选手也被打得够呛。只不过他家里的院墙修得足够高，匈人没能攻下来，勒索了一笔保护费后就走了。

当时匈人选手最有名的经纪人阿提拉人送外号"上帝之鞭"，看看这高大上的形容词，你就知道他给当时的欧洲人带来多大的心理阴影了。

不过这匈人选手到底是不是当年被打跑的北匈奴，这个事存在很大的争议，到现在也没有一个确切的答案。但不可否认的是，这位战斗力爆表的选手一出场，西罗马就惨了。

因为那些日耳曼选手在匈人那儿吃了瘪，自然就得从西罗马身上找回来。这就是"大鱼吃小鱼，小鱼吃虾米"的道理，只不过西罗马就是那个可怜的小虾米。

悲催的西罗马就这样被挤得连个落脚的地方都保不住了。最终在公元476年，他被自己手底下的日耳曼雇佣军赶下了台，正式告别了比赛。以西罗马退赛为标志，这之后的一千多年在欧洲历史上被称为"中世纪"。

西罗马退赛后，意大利半岛被一个叫东哥特的选手趁机拿下了，曾经古罗马集团的发源地，现在已经变成了日耳曼蛮族选手们打打杀杀的地盘。

这些日耳曼选手虽然舞台表现力很强，但是自身的文化素质实在是堪忧，对于怎么运营、怎么包装、怎么吸粉完全是一头雾水。

他们也想把自己打扮得高大上一点，毕竟谁也不愿意总被人指着鼻子骂野蛮人啊。

这时候，罗马城里的教会就出场了。

基督教大约在公元1世纪的时候开始在以色列和巴勒斯坦地区

传播。

罗马帝国选手一度是拒绝基督教的，但后来他看到信教的人越来越多也就改变了态度，还在公元 4 世纪末把基督教定为国教，教会的总部设在罗马。

东西罗马分家后，教会也跟着分家了，我们一般称留在西边的为天主教，搬到东边的为东正教[1]。

后来西罗马选手下台了，罗马教会的小心思也活络起来了。于是他们就看上了这群日耳曼选手，说："我可以让你们找到灵魂的宁静，可以帮你们学会体面地生活，还可以帮你们完善法律，做司法裁判……总之你们不会的我都能教你们，只要你们跟着我信教就成。"这样选手们解决了自己做不来的麻烦事，教会也能更广泛地传播信仰，如此双赢的合作，谁又能拒绝呢？

公元 496 年，法兰克选手改信天主教，成了第一个吃螃蟹的人。事实证明，他也的确是几个日耳曼选手中后续发展最好的一个。

也就是从这一刻开始，一个全新的集团逐渐登上了历史的舞台。这个集团以西欧为主基地，以日耳曼人为主体，继承了古希腊和古罗马的思想文化，又融合了基督教的精神内核，他们有自己的一套独特的文化观念和价值体系。我们现在常说的西方发达资本主义国家指的就是这群人，所以我们可以把这个集团称为"西方集团"。

当然在中世纪的时候，西方集团还处于草创阶段，拿得出手的

---

1. 公元1054年东西教会断绝往来，正式分裂为东正教和罗马公教。16世纪时，罗马公教又分裂为天主教和新教。但一般习惯上称罗马公教为天主教。

也就是这些日耳曼选手了。

不过西方集团跟东边的古罗马集团、波斯集团和华夏集团等老牌企业在底层运营逻辑上有很大的不同。

简单来说就是西方集团从集中走向了分散，而东边的这些集团则基本都从分散走向了集中。

在西方集团里，教会和选手之间是相互利用又相互斗争的关系，就算哪个选手想自己做大后单飞，教会也会在背后使绊子。

东方就完全是另一种风格了。

就比如最具代表性的华夏集团，虽然大秦选手早已退场，但因为他所做出的一系列努力，每一个华夏集团的人都会不自觉地产生一种向心力和认同感，莫名地觉得这华夏集团就应该是一家人，自己就是有义务把它给统一喽。哪怕不是这个集团的原住民，来到华夏集团后也会默认这一规则，并会为之付出相应的努力。

华夏分久必合，罗马合久必分，从这一刻就已经注定了。

比如公元383年，在罗马帝国分裂的前夕，华夏集团内爆发了著名的"淝水之战"。十六国中的前秦选手挥师近百万企图灭了东晋，一统华夏。

当然这次战役是弱小的东晋选手以少胜多实现了逆袭，前秦选手没完成统一，自己的参赛资格也被取消了，但我们依然看到他在努力。

又比如在公元484年，在西罗马选手含泪退场后不久，原来属于游牧集团的北魏选手开始进行"孝文帝改革"，全面地学习中原制度。北魏还把办公室从北边的平城搬到了中原的洛阳，彻底把自己融入了华夏集团。

所以华夏之后皆是华夏，而罗马之后则再无罗马。

20

抢位赛：
中世纪大乱斗

大事年表

时间	外国	中国
公元 4 世纪	印度笈多王朝建立	前秦与东晋爆发淝水之战
公元 5 世纪	萨珊波斯在赫拉特战役中被嚈哒击败	南北朝开始
公元 6 世纪	查士丁尼大瘟疫爆发	隋朝统一

随着古罗马和华夏这两个实力强劲的老牌集团陷入严重的经营危机，整个历史舞台的秩序也跟着乱了。

台上的选手们你看看我，我瞅瞅你，发现谁也不比谁强多少。那大家就只能凭实力说话了，于是一场混乱的抢位赛就此开始。

首先申请出战的是印度集团的笈多王朝，这是进入 4 世纪以来印度集团推出的第一位种子选手。

笈多选手出自印度摩揭陀片区，之前我们提到过的难陀王朝、孔雀王朝等强力选手也来自那里。这个片区可以说是印度集团的造星梦工厂，总能冒出很有实力的选手。

公元 3 世纪以来，"四大天王"中最能挺的贵霜帝国也挺不住了，他家里内部矛盾不断，自顾不暇，于是他的那些地盘也就成了别人眼里的肥肉。笈多选手上台后，就趁着贵霜帝国内部分裂的机会攻下了印度北部，之后他又不断向南拓展自己的影响力，虽然从版图上来说没有老前辈孔雀王朝那么大，但也算是印度集团里的顶流之一了。

正当笈多选手为自己取得的成绩而扬扬自得时，游牧集团的嚈哒[1]选手从中亚呼啸而来，一拳砸向了笈多选手。

嚈哒选手是一个非常神秘的选手。因为这位选手自身没有文字，所以也没留下什么明确的个人信息，对于这位选手到底是从哪儿冒出来的谁也说不清。

华夏集团留下的资料显示，嚈哒选手最初只是游牧集团里一个不起眼的小角色，还帮着东汉打过北匈奴[2]。东亚赛区里的神仙打架实在是过于恐怖，完全不是嚈哒这种轻量级选手承受得了的，所以他就向西搬家到了中亚。

到了西边的嚈哒发现，这边的竞争压力可比东边小多了。他先是把波斯集团的萨珊王朝选手暴打了一顿，把这位波斯集团的一哥收为自己的附庸。然后他又挥师南下，对笈多选手大打出手。虽然嚈哒选手最终被击退，但笈多选手也因为受伤太过严重，从此一蹶不振。嚈哒选手就此占据了中亚、西亚和印度北部的一大块地盘。

嚈哒很开心，作为小弟的萨珊王朝却高兴不起来，毕竟他还得给大哥嚈哒交保护费，这笔钱又从哪儿来呢？

所谓东边不亮西边亮，萨珊打不过东边的嚈哒，但是打得过西

---

1. 中国的史料中写作"嚈哒""挹怛"或"挹阗"，称其建立的王朝为"滑国"；而西方的一些史料称他们为"白匈奴"或"贵霜匈人"。

2.《后汉书·西域传》载："顺帝永建元年，勇率后王农奇子加特奴及八滑等，发精兵击北虏呼衍王，破之。"

边的东罗马啊。于是双方爆发了激烈的战斗，最后东罗马战败求和，答应每年都给萨珊选手奉上一笔保护费，萨珊选手空空如也的钱包总算是又鼓了起来。

东罗马这么窝囊其实也是有原因的。这时候他有一位满腔热血的经纪人查士丁尼一世，这是一位志在重现古罗马集团辉煌的"鸡娃"[1]型经纪人。他给东罗马定了个现阶段的"小目标"，那就是西征日耳曼蛮族，替被踢下台的西罗马报仇。

所以这时候东罗马的全部力量都用来准备西征了，在东线就只能选择退让求和。

稳定了后方的东罗马全力向西，灭了汪达尔，收复了北非；再干掉东哥特，打败法兰克，取得了一系列的胜利，成功收复了意大利半岛，又一次将集团的总部所在地给抢了回来。

但东罗马复兴罗马的伟大目标并没有实现，因为东部边境始终受到萨珊选手的威胁，他没有办法放开手脚全力向西。

更可怕的是，后来东罗马自己还病了。这个"病"不是形容词，而是一场真真正正的致命传染病。

这是一场暴发于地中海沿岸的大规模鼠疫，直接就让东罗马病危了。在可怕的传染病面前，连正常的生产生活都进行不下去，更别说什么打仗了。

最终东罗马试图重建古罗马集团的努力付诸东流，从此只能以

---

1. "鸡娃"：网络流行词，指父母不停地让孩子去拼搏。——编者注

希腊半岛作为自己的根据地。所以别人都笑话他连"罗马"都保不住，还好意思叫"东罗马"？大家都喜欢叫他拜占庭，因为他的办公室所在地君士坦丁堡，原来就是古希腊集团的拜占庭选手待的地方。对于这一称呼，东罗马选手虽然嘴上说不要，但身体很诚实，因为他后来把官方语言都换成希腊语了。

所以到这个时候古罗马集团其实已经通过资产重组，变成了希腊集团，而东罗马选手也摇身一变成了拜占庭选手。

这个希腊集团和之前的古希腊集团不同，是以希腊文化、希腊语及基督教中的东正教为基础，又融合了其他多种文化的优秀内涵组成的复合型集团，而拜占庭就是这个集团的第一位选手。

不知道大家发现没有，这场大乱斗发展到这个阶段呈现出一个很有趣的特点——总是东边的选手欺负西边的。

比如东边来的嚈哒选手打败了西边的萨珊，萨珊又打败了他西边的东罗马，东罗马又打倒了他西边的东哥特等选手，这简直就跟多米诺骨牌一样，一个砸一个。

那要是这么说，作为第一张牌的嚈哒岂不是无敌了？

这也是萨珊选手最关心的问题，因为他所处的位置就直接暴露在嚈哒的火力压制下，怎么才能干掉强大的嚈哒呢？

很快萨珊选手就想到了一个主意，找一个比嚈哒更靠东的选手联盟不就得了。

碰巧这时游牧集团的东亚赛区里崛起了一个叫突厥的选手。突厥原本是打铁出身，这在游牧集团里绝对算高级技术工种，所以突

厥选手后来在集团里混得也是风生水起。于是萨珊选手就选择了和突厥选手合作，两个人联合起来，东西夹击干掉了嚈哒，也瓜分了他的地盘。

西边的大乱斗不停歇，华夏集团内部也不消停。

当欧洲进入中世纪的时候，华夏这边也开始了分裂混乱的南北朝时期。这段历史真的是乱得可以，简单概括就是北朝的北魏一分为二，南朝的宋、齐、梁、陈轮流坐庄。

公元534年，北魏选手家里闹出了分家丑闻，正式分裂为两个选手，西边的叫西魏，东边的叫东魏。

不过东魏、西魏这两兄弟其实都是被别人捏在手里的傀儡，没在场上多站一会儿就被替下去了。北周、北齐分别取代了西魏和东魏，此时再加上缩在江南不思进取的陈朝，华夏集团内部又开启了三足鼎立的局面。

公元577年，北周突然发力灭了北齐，眼看就要南下灭陈统一华夏了，没想到就差临门一脚的时候，竟然被人半路截和了。这位截和的选手就叫隋朝。他挤掉了北周的参赛资格，然后在公元589年灭了陈朝，彻底统一华夏，结束了分裂割据近四百年的乱世。

东方的巨人再次醒来，才发现自己已经错过了太多的表现机会。既然如此，那就拿下舞台上的中心位，让自己再一次站到所有聚光灯的焦点上。

不过有这样想法的人实在太多，舞台上一群野心勃勃的选手早已经跃跃欲试。

21

C位之争（上）：
扩张的极限在哪里？

大事年表

时间	外国	中国
公元 7 世纪	阿拉伯帝国"四大哈里发时期"开始 阿拉伯帝国击败拜占庭 阿拉伯帝国灭亡萨珊王朝	唐朝建立 唐灭东突厥 唐灭西突厥

经过上一赛段的大乱斗，舞台上的竞争已经进入白热化阶段，此时能留下来的都是狠角色。不过这C位[1]只有一个，也不是那么好抢的。

西方集团的法兰克选手初来乍到，正在天主教会的帮助下学习怎么跟上其他人的节奏；希腊集团的拜占庭选手虽然祖上殷实，但大病初愈的他顶多只能维持现状；印度集团的戒日王朝选手虽然号称是笈多王朝的接班人，但当时集团内部有一大批选手，戒日王朝本来就是矮子里拔出来的高个，手里的参赛表都没焐热，还得防着别人来抢。

这样看来，也就剩波斯集团的萨珊王朝选手、游牧集团的突厥选手和华夏集团的隋朝选手看上去最有资格去争一争舞台的C

---

1. C位：网络流行语，指核心位置、重要地位。其中的"C"是英文单词"center"的缩写。——编者注

位了。

不过萨珊王朝选手很快就退出了 C 位的争夺，他遭受了曾经的盟友突厥选手的攻击。

公元 6 世纪时，突厥和萨珊联手瓜分了雄踞中亚的嚈哒，二者都捞了不少好处。但俗话说没有永远的朋友，只有永远的利益，这对合作伙伴后来也翻脸了。

突厥选手找到了萨珊选手的世仇拜占庭，然后两人就愉快地达成了合作，两面夹击把萨珊选手打得满地找牙。

此时的突厥选手，地盘东到辽河流域，西达里海与黑海之滨，看上去家底非常丰厚，似乎马上就要登顶舞台 C 位了。

结果公元 581 年，华夏集团的隋朝横空出世了。此时的隋朝还没有统一整个华夏，并没有足够的力量和北边的突厥选手硬碰硬。

但隋朝选手脑子好使啊！他一顿反间计，就成功地让强大的突厥分裂成了东突厥和西突厥。[1]突厥选手家中就此永无宁日，两兄弟打得满脸血，哪里还有心思去管什么 C 位之争啊！

隋朝趁着这个机会，一鼓作气南下灭掉了割据江南的陈朝，最终实现了华夏集团的统一。一时间隋朝选手在舞台上风头无两，似乎也成了 C 位的有力竞争者。

然而很快，隋朝选手也崩了。

因为他摊上了一个史上最急功近利的经纪人隋炀帝。这哥们

---

1. 见《隋书·卷二十一·列传第十六》："反间既行，果相猜贰。"

儿给隋朝定了无数个小目标，却完全不考虑选手的体格吃不吃得消。

最终隋朝选手被他折腾得腰腿酸痛、精神不振，身体越来越不中用，然后就退赛了，华夏集团又陷入分崩离析的战乱之中。

不过隋朝选手的突然退场也给了另一个种子选手走上人生巅峰的机会。

公元 618 年，唐朝选手正式登场。

和隋朝一样，他的血脉里同时具备华夏集团和游牧集团的基因，所以他既有华夏集团踏实肯干的一面，又有游牧集团开放进取的一面。他比当年的两汉选手更有进取心，更加包容和多元，也更渴望站在舞台的中心。

当然这个事还得慢慢来，因为唐朝接手的是隋朝留下来的烂摊子，这时候华夏集团内部有一堆野心家割据四方，北边还有一个强大的东突厥在虎视眈眈。唐朝选手为了搞定家里的破事，只能先委曲求全地承认了东突厥这位大哥。

不过以唐朝的性格，自然不可能永远屈居人下，暂时的退让都是为了以后算总账。所以他重新把华夏统一后，立刻就开始了对东突厥的反击。

公元 629 年，唐朝派十万大军，兵分五路北征东突厥，经过激烈的战斗，公元 630 年，唐朝最终击败了强横一时的东突厥，成为整个东亚赛区当之无愧的老大。

"东方不败"的感觉虽然不错，但唐朝选手更想要"独孤求败"。

他还要继续往西，去和舞台上的其他选手掰一掰手腕，所以他把目光投向了两汉选手曾经到过的西域。

此时的西域地区，北边是草原霸主西突厥，南边是高原强者吐蕃选手及印度集团的那一盘散沙。

西突厥正挡在唐朝西进的路中间，所以唐朝主要想对付的是他，对南边的吐蕃和印度集团那一堆选手没啥想法。但唐朝没想法，不代表吐蕃和印度那堆选手没想法。

吐蕃其实也是华夏集团的选手，只不过他登场的位置在青藏高原，这地方海拔太高，易守难攻，所以就算是华夏一哥唐朝也没能力冲到高原上把他给统一喽。吐蕃曾相中了唐朝的公主，想带兵来个强买强卖，结果被唐朝一顿暴打后老实了，唐朝也不计前嫌，真的嫁了个公主给他，这就是历史上的"文成公主入藏"。

印度集团的选手则相中了唐朝的钱。公元647年，印度集团的戒日王朝选手家里内讧，被人造了反，当场下线了。而这帮造反者竟然脑子一热把唐朝派去的使团给抢了。当时使团的团长王玄策都没通知家里，直接跑到吐蕃那儿去借了点兵，回身就把印度集团的中部给荡平了，史称"王玄策一人灭一国"[1]。

这下子南边总算是稳住了，唐朝才有心思集中力量来对付北边的西突厥。唐朝一发力，西突厥可就扛不住了，越打地盘越小，越打越往西跑。最终在公元657年，唐朝干掉了西突厥，一只脚

---

1. 见《旧唐书·西戎传》。

踩在了中亚的地盘上，以为再往前就能正面 PK 波斯集团的萨珊选手了。

可惜这个愿望最终并没有实现，因为存在了四百多年的萨珊王朝被一个舞台上的新人 PK 下去了，这位新人就是阿拉伯帝国。

阿拉伯选手从血缘上来说和犹太选手有点亲戚关系[1]，也是非常聪明又有经商头脑。他所在的阿拉伯半岛几乎都是沙漠，在这种环境中想靠种地养活自己是不可能了，所以阿拉伯选手就在沙漠边上放牧、经商，算是游牧集团的一员。

最开始阿拉伯选手只是做点小买卖，也就是混个温饱，但架不住老天爷赏饭吃啊。

萨珊王朝和拜占庭这对冤家动不动就大打出手，一打架就把沟通东西的丝绸之路给堵住了。所以大家就只能往南绕，从阿拉伯选手家里借道。

结果这么一绕路，就便宜了阿拉伯选手。他凭借自己的商业头脑迅速成了当地的首富，而他所在的麦加城也成了远近闻名的商业中心。

然而这时候的阿拉伯虽然有钱，但还不算正式登上舞台。

直到公元 610 年，有个人在阿拉伯选手的老家麦加创立了伊斯兰教，这种宗教信仰让阿拉伯选手焕发了新的生命力。这位伊斯兰教创始人就是先知穆罕默德。

---

1. 见希提《阿拉伯通史》。

自此阿拉伯选手有了更宏伟的目标，他要传播自己的信仰，也要获得更广阔的地盘、更通畅的商路。在不断对外扩张中，阿拉伯选手不但打下了大片地盘，更把他的信仰传播给了更多的选手。这些信仰伊斯兰教的选手遍布舞台各地，他们出身不同，体态各异，但都因为共同的信仰而凝聚成一个群体，所以我们可以把他们组成的集团称为伊斯兰集团。

公元632年，阿拉伯选手开始向舞台C位发起冲击。而此时舞台上的两大强者拜占庭和萨珊王朝之间已经打了太久了，双方都筋疲力尽，正好给了阿拉伯各个击破的好机会。

于是阿拉伯一路狂飙突进，把拜占庭在中东和北非的地盘抢了个干干净净，要不是拜占庭的办公室君士坦丁堡修得太结实，又有一支强大的海军提供掩护，阿拉伯都能直接把拜占庭打到退赛。

而萨珊选手就没拜占庭那么幸运了，他直接被阿拉伯帝国选手踢出局了，至此阿拉伯帝国选手吞并了整个波斯集团，在中亚和唐朝选手正面撞在了一起。

中亚这一带已经成了唐朝和阿拉伯较量的主战场，不管是阿拉伯继续东进，还是唐朝一路向西，都会对整个历史舞台产生巨大的影响，甚至能直接决定这一赛段舞台C位的归属。

不过这场残酷的C位争夺战也不是那么容易打起来的。

因为无论对阿拉伯还是对唐朝来说，他们就算玩命地伸长胳膊，也就只能勉强用指尖碰到中亚而已。这地方不管离谁都太远了，已经是他们攻击范围的极限，两边都不会轻易在这里动手，因为谁也没有绝对的实力和把握赢。

　　另一方面，阿拉伯和唐朝看似实力强劲，但其实后方都还有一些小问题要搞定，只有搞定这些小问题，他们才能毫无顾虑地来一场巅峰 PK。

22

C 位之争（下）：
家家有本难念的经

大事年表

时间	外国	中国
公元 7 世纪	印度戒日王朝建立 日本推行"大化改新" 倭马亚王朝（白衣大食）建立	白江口之战 后突厥建立 唐与吐蕃决战"青海之战"
公元 8 世纪	阿拔斯王朝（黑衣大食）建立 阿拉伯帝国赢得怛罗斯之战	唐朝进入开元盛世 "安史之乱"爆发

公元 7 世纪中期，一路向西的唐朝选手和不断东进的阿拉伯帝国选手在中亚地区迎头撞上，两个人谁也不肯退让一步。虽然两位选手看起来都十分不好惹，但其实他们都知道各自的底细，所以双方都没敢贸然出手。

唐朝选手的主要问题是身边的一圈小弟有些不听话，时不时就得拎出来敲打敲打，比如东边的"半岛三人组"和倭国。

"半岛三人组"指的是朝鲜半岛上的高句丽、百济和新罗这三位。高句丽，或称高丽，他本来是华夏集团的选手，但是因为地盘横跨华夏东北和朝鲜半岛北部，所以也算"半岛三人组"中的一位。南边百济和新罗则是地地道道的朝鲜半岛原住民。

而倭国是在华夏集团东边一个小岛上，他也和"半岛三人组"一样，深受华夏集团企业文化的熏陶，甚至就连"倭"这个名字都是当年的东汉选手给起的[1]。

对唐朝来说，这几个选手既像是自己的跟班，也像是自己的学生。但可惜，都是那种不称职的跟班，不省心的学生。他们一边学习着唐朝的各种优点，一边却暗暗地在背后挖墙脚使坏。

这四个选手中，高句丽、百济和倭国的关系不错，经常组团来欺负新罗，所以新罗就只能寻求唐朝的帮助[2]。

唐朝选手一看新罗这么上道，那必须全力支持啊。于是公元660年，唐朝和新罗联手灭掉了不听话的百济。

没想到倭国作为百济的盟友一时想不开，竟然使出吃奶的力气拼凑出约170艘战船，3万多人的军队[3]，想要给百济争取一个原地复活的机会，不过出师未捷，被唐朝和新罗联军以少胜多打得落花流水，史称"白江口之战"。

这一战就给倭国打出了创伤后应激障碍，此后近一千年都没敢搞小动作，就老老实实地跟在华夏后面。他甚至连名字都改了，不叫那个曾被唐朝海扁过的倭国，而改叫了日本[4]。

之后唐朝又干掉了高句丽，新罗就成了半岛上出现的第一个统一政权，也是唐朝的忠心小弟。

好吧，至少表面上看起来是的。

唐朝也知道新罗这个小弟当得不诚心，但只要新罗别闹得太过

1. 见《后汉书·东夷列传》。
2. 见《旧唐书·东夷传·新罗传》。
3. 见韩昇：《白江口之战的唐朝兵力考》，《暨南史学》第三辑，2004年。
4. 见《旧唐书·东夷传》。

分，他也就睁一只眼闭一只眼了，因为这时候他的主要精力都用在收拾西边的两个邻居身上了。他们一个是卷土重来的后突厥，一个是反复横跳的吐蕃。

后突厥选手其实是当初被唐朝打退赛的东突厥又返场了。而吐蕃仗着自己站得高，唐朝打不着他，哪怕娶了唐朝的公主也不忘和唐朝作对。

这两个定时炸弹一南一北地夹住了河西走廊，时刻威胁着唐朝通往西域的道路。

对此唐朝选手表示十分头疼，后突厥还好说，之前都灭过他一次了，最多也就重来一遍。公元744年，唐朝的小兄弟回纥把后突厥给打退赛了，算是替唐朝解决了北边的威胁。

但吐蕃选手就难对付得多了。

因为青藏高原实在是太高了。吐蕃选手居高临下，这让他在和唐朝PK时可以从上往下打，这样又省力又方便。而唐朝总是得仰着头往上攻，一边打仗还得一边克服高原反应，这仗实在太难打。

所以吐蕃选手几乎是处于进可攻退可守的不败之地，这让他可以在战争与和平之间跳来跳去，心情好就和唐朝结盟，心情不好就和唐朝大打出手，双方围绕着河西走廊和西域地区展开了反复的争夺。

唐朝依托中原强大的后勤补给和吐蕃拼消耗。但在距离遥远的西域，人手和物资调配毕竟还是鞭长莫及，唐朝就只能联合各路盟友一起来抵抗吐蕃，不过总体来说还是唐朝选手占据上风。

吐蕃虽然不用担心自己在青藏高原的老家，但也挡不住唐朝向西的脚步，于是他就想拉阿拉伯选手来一起对抗唐朝。

不过阿拉伯选手此时也是分身乏术。

经过一百多年的持续扩张，他崛起的速度太快，打下的地盘又多，短时间内很难消化，所以他表面上风光无限，其实暗地里反对者非常多。

当时阿拉伯选手的经纪团队是一个叫倭马亚的家族，他们贪婪成性，大肆搜刮，引发了集团内部极大的不满。

这时在东边的波斯地区兴起了一个叫阿拔斯的家族，他们联合那些对倭马亚家族不满的人，给倭马亚家族来了个强制退休，就这样，阿拔斯家族成了阿拉伯帝国的新经纪团队。

被炒了鱿鱼的倭马亚家族也不甘心就此下岗，他们在西边的西班牙宣布独立，扶持了一个新选手，取名"后倭马亚王朝"[1]登台参赛，阿拉伯帝国的分裂也就此埋下了伏笔。

因为倭马亚家族喜欢白色，而阿拔斯家族喜欢黑色，所以对唐朝来说，他并不清楚对面发生了什么事，只知道阿拉伯选手从白衣服突然换成了黑衣服。之前他一向管阿拉伯叫"大食"，现在无非就是从"白衣大食"变成"黑衣大食"，反正都是自己的对手，并没有什么区别。

不过毕竟中亚地区距离唐朝和阿拉伯都很远，所以他们都没法

1.亦称"科尔多瓦哈里发国家"。中国史籍中称"西大食"，西方史籍中称"西萨拉森帝国"。

在这里投入太多的力量，想要打败对手就必须争取当地选手们的支持。说白了就是谁带的帮手多，谁获胜的概率就大。

公元750年，唐朝派兵西进，征服了几个不跟自己混的当地选手。这些人打不过唐朝，就跑到阿拉伯那里去寻求帮忙。唐朝听说了这个事后，决定先发制人，以攻为守，带着几个盟友长途奔袭，深入敌境七百里[1]。

公元751年，唐朝的远征军在怛罗斯[2]与阿拉伯的主力遭遇，这并不是唐朝和阿拉伯之间的第一次正式较量[3]，但可能是最后一次。

双方参战的具体人数一直是笔糊涂账，但唐朝属于典型的客场作战，所以在兵力总数上肯定是吃亏的[4]。这是冷兵器时代东西方两个最强者之间的巅峰对决。但是很可惜，这场世纪决战最后却高开低走，草草地收了场。

因为唐朝这边出了叛徒，有个叫葛逻禄的盟友秘密投靠了阿拉伯，在战斗最关键的时候突然给唐朝来了个偷袭，唐朝在前后夹击下损失惨重，最终撤回西域的也就几千人。

怛罗斯之战唐朝虽然输了，但并没有就此丧失对中亚和西域的控制。他本来想卷土重来和阿拉伯选手再战一场。可没想到四年后"安史之乱"爆发了，唐朝为了对付河北的叛军，只能把西边的主力

---

1. 里：长度单位，1市里等于150丈，合500米。——编者注

2. 战场在帕米尔高原以北，具体位置存疑。

3.《资治通鉴·唐纪二十七》载："开元三年……孝嵩传檄诸国，威振西域，大食、康居、大宛、罽宾等八国皆遣使降，勒石纪功而还。"

4. 见王小甫：《疑义相与析——答薛宗正先生》，《北大史学》，1999年。

调到国内。这之后唐朝虽然费了老大的劲儿摆平了叛乱，但是也逐渐陷入藩镇割据的绝症中，再也无力经营广大的西域和中亚。怛罗斯之战也就成了唐朝向西扩张的最后一战。

然而获胜的阿拉伯选手也没能继续向前一步。他被自己家里的各种叛乱和起义搞得焦头烂额，什么 C 位不 C 位的也没工夫理会了，能保住自己的参赛资格就不错了。

这场万众瞩目的 C 位争霸战竟然以这样一种方式落下帷幕。历史舞台重回群雄割据时代，再一次热闹了起来。

23

抢镜谁最强：
反客为主的教皇国

大事年表

时间	外国	中国
公元 732 年	普瓦提埃之战	唐朝正处于开元盛世
公元 751 年	法兰克王国加洛林王朝建立	怛罗斯之战唐朝战败
公元 800 年	查理大帝加冕	唐德宗在位
公元 843 年	《凡尔登条约》签订，查理曼帝国被分割	唐朝进入藩镇割据的局面

公元 751 年，就在阿拉伯和唐朝爆发怛罗斯之战的同一年，西方集团的法兰克选手也迎来了自己在历史舞台上的重要转折点。

在西方集团创建的初期，法兰克选手的贡献可以称得上居功至伟。

公元 486 年，他在苏瓦松之战中消灭了西罗马残存的最后一支部队，奠定了自己在西方集团中的领袖地位，也保证了西方集团取代古罗马集团顺利上市。

8 世纪初阿拉伯帝国席卷欧亚非大陆时，也是法兰克站了出来，在普瓦提埃之战中，挫败了阿拉伯选手征服整个欧洲的计划。所以阿拉伯后来才会掉头去中亚和唐朝死磕。从这个角度来说，又是法兰克选手保住了西方集团的独立经营权，使其避免了被阿拉伯选手的伊斯兰集团兼并。

一时间法兰克选手成了全集团的英雄，无数鲜花和掌声都向他涌来，什么欧洲的拯救者、天主教的守护者等荣誉称号纷纷往他头上扣，法兰克成了聚光灯下最闪亮的明星，舞台上的绝对主角。

但无尽的风光背后，法兰克选手也有自己的烦恼，就是他现在的经纪人有点不行。

法兰克原本的经纪团队是墨洛温家族，这帮人刚开始还挺上进的，但后来就变得只会内斗和"躺平"，于是法兰克一应大小事务都落在了一个叫加洛林的家族身上，这个家族的领导人叫"矮子"丕平。

"矮子"是他的外号，丕平是他的本名。因为西方集团的员工重名率很高，为了区分只能在名字前面加个外号，比如"秃头"查理、"长腿"爱德华、"好人"菲利普、"血腥"玛丽什么的。

"矮子"丕平虽然大权在握，但墨洛温家族的经纪团队身份是教会盖章认证过的，他想要取而代之，需要得到教会这个"公证人"的支持。

巧得很，罗马教会那边也需要丕平的支持。

当时在意大利半岛上，罗马教会类似一个夹心饼干，北边是一个叫伦巴德王国的日耳曼选手，南边是拜占庭选手的地盘。伦巴德总欺负教会，教会去跟大哥拜占庭诉苦，但拜占庭压根不想管。

这笔糊涂账也是罗马帝国分裂造成的混乱，本来罗马教会是跟着西罗马的，但西罗马不是退赛了吗，于是拜占庭作为罗马帝国唯一活下来的继承人，自然也就继承了对罗马教会的管理权。但他这时候自身面临的问题也一大堆，实在没多余精力来为教会出头。

这让罗马教会很不满："当初日耳曼人灭了西罗马的时候，是我维持住了整个西欧的局面，还把信仰传播到更多的选手那里，而你拜占庭就缩在东边不过来，没事就对我发号施令，有事就当缩头乌龟，那我还要你干啥啊。"

于是教会就准备找别的大佬来为自己出头，而离他最近的大佬自然就是法兰克了。

恰好法兰克想换经纪人也需要得到教会的认可，双方一拍即合。

教会这边给丕平上台开了个绿色通道，而得偿所愿的丕平也投桃报李，带着兵强马壮的法兰克南下把伦巴德选手暴揍一顿，还割下了一块地。然后他把这块地和罗马城周围的土地都"献"给了教会，史称"丕平献土"。

这回罗马教会就拥有了属于自己的地盘，一个华丽转身，从幕后走向了前台，以教皇国的身份登上了历史的舞台，正式成了西方集团的一位新选手。

虽然成了选手，但教皇国依然打不过北边的伦巴德，内部也总闹事，还得靠法兰克几次三番地给他撑腰，光是为了保住参赛资格就已经拼尽全力，混得实在是惨。而另一边换了经纪人的法兰克则是一通强势扩张，几乎统一了整个西欧。自从罗马帝国退场以来，还没有一个选手能统治欧洲这么广阔的领土，但法兰克做到了。

看着身边光芒万丈的法兰克，弱小可怜又无助的教皇国决定给自己加点戏。

公元 800 年的圣诞节，教皇国在没有预先通知的情况下，送了法兰克选手一个大礼，他突然宣布法兰克选手的经纪人查理，也就是"矮子"丕平的儿子，为"罗马人的皇帝"，全称为"受上帝委托统治罗马帝国的伟大皇帝奥古斯都陛下"，从此以后查理就变成了查理大帝或查理曼——因为"曼"在法语中意为"伟大的"，即大帝的意思。我们前面说过扑克牌里的梅花 K 代表亚历山大大帝，而红桃 K 代表的就是查理曼，查理曼也被称为"西欧之父"。

更重要的是，法兰克从此就升级为查理曼帝国，正式成了罗马帝国的继承人。

罗马帝国走的是那种典型的"哥不在江湖，但江湖上到处都是哥的传说"的套路。虽然他已经谢幕离场，但由于他在历史舞台上取得的成就太辉煌，留下的传说太富传奇性，人们已经把他当成了行业标杆，娱乐圈内天花板级别的存在。

哪怕是干掉了西罗马的日耳曼选手们，内心对曾经的罗马帝国也还是非常崇拜和向往的。他们之所以在刚上场的时候还会认拜占庭当个名义上的大哥，就是为了让自己和这位曾经的传奇巨星沾上点关系，好抬高自己的身价。

但是现在查理曼帝国不需要再蹭罗马帝国的热度了，因为教皇国宣布他就是罗马帝国的继承人了，他自己就有热度。查理曼帝国也第一次在名义上和东边的拜占庭平起平坐了。

等一下，不是说教皇国要给自己加戏吗，这也没看出他的戏份和镜头有什么增加啊。

俗话说："包子有肉不在褶上。"其实这一切，最后的受益人还

真就是教皇国。

首先他借此摆脱了拜占庭选手在名义上对他的管辖权。

原先拜占庭能对罗马教会指手画脚的最大依据就是他这个罗马帝国继承人的身份，但现在教皇国一个逆向操作宣布以后罗马帝国的继承人是查理曼选手了，拜占庭自然也就靠边站了。

其次，虽然同样是认老大，抱大腿，但对教皇国来说，查理曼才是他心目中最合适的大哥。

因为拜占庭采用的是东方式的集权统治，中央的权力非常大，王权是可以压制教权的，人家让你教会干什么，你就得干什么。

查理曼选手采用的则是一种叫"采邑制"的分权制度，就是他把最好的地盘留给自己，然后把边上的地盘分给公爵、伯爵、骑士什么的，这些人就是后来的欧洲贵族阶层。

如果华夏集团的西周选手这时候还在场上一定会直呼内行，这不就是他搞的那个分封制吗？

你别说，还真挺像就是了。

不过分封制最大的缺点就是容易陷入一盘散沙的割据局面。当年西周搞分封制的时候，配套的是宗法制，就是用血缘亲情来凝聚队伍。而查理曼选手为了能让手下大大小小的贵族老实听话，也得想点办法。他的思路倒不是用血缘来牵制，而是借助教皇国的力量，准确来说是借助宗教信仰的力量，用一个共同的神圣信仰把所有人绑在一起。所以查理曼和教皇国可谓全方位合作绑定，既互相依存，也相互利用。

当然在双方合作的一开始，教皇国还是处于弱势地位的，教权还是得听王权的。

但这只是暂时的。因为教皇国可以利用宗教信仰的威力慢慢地将影响力渗透到全集团，他眼前的道路也许是曲折的，但未来肯定是光明的。

而查理曼选手这边虽然现在看上去很风光，但时间一长就不好说了。因为他除了"采邑制"这种慢性自杀的搞法，还搞了另一项神奇制度，叫"均分继承法"，就是老爹死了之后，所有有法定继承权的儿子平分家产。这听起来似乎挺公平，实际上意味着不管查理曼选手取得多大的成果，老经纪人一死，新上来的经纪人把现有成果加以平分，那一切就得从头开始。这简直跟自废武功没两样。

公元 843 年，查理大帝的三个孙子签了个《凡尔登条约》，正式把强大的查理曼帝国拆成了三份——西法兰克、中法兰克和东法兰克。后来法兰西、意大利和德意志这三个西方集团的重要选手，就是打这儿来的。

选手们的分裂对教皇国来说绝对是好事，这人一多心就不齐，大家打来打去的，就都得到教皇国这儿来求帮助，这样才好控制。

所以慢慢地教皇国手中的教权就变得越来越大，曾经相互配合的王权和教权开始激烈冲突[1]。

而教皇国几乎是立于不败之地，他凭着遍布集团各处的教会财

---

1. 见汪诗明、王艳芬：《公元 9~14 世纪西欧教俗之争与德意的分裂》，《铁道师院学报》，1998 年第 6 期。

产和不断传播信仰的神职人员，成了整个集团最有钱有势的选手和所有人崇拜的对象。可以说，教皇国的祝福是选手们登场的通行证，教皇国的认可则是选手们继续舞台生涯的保证书。他说的话就代表神的意志，他的判断就是终极的裁决。

这就好比一场比赛里，教皇国既是投资人，也是主办方，又是裁判长，还是参赛者，这还让别人怎么玩啊？

所以在西方集团内部，王权和教权的斗争将一直存在，这种大家互相离不开又彼此看不惯的局面也一直影响着整个欧洲的历史进程。

24

转型的选手们：
　从游牧到农耕

大事年表

时间	外国	中国
9—10 世纪	维京人入侵欧洲大陆	唐朝灭亡，五代时期开始

公元843年，一纸《凡尔登条约》宣告了西法兰克、中法兰克和东法兰克三位选手的正式登台。

在这次对查理曼帝国的瓜分行动中，西法兰克捞的好处最多。他的地盘就在今天的法国一带，是当时西欧比较发达的地方，不像中法兰克那样被夹在中间两头受气，也不像东法兰克手里攥的是经济相对落后的东部地区。

但有时候位置好又有钱也未必是啥好事，因为容易被不怀好意的人盯上。

公元845年，西法兰克刚上场才两年，他在巴黎的办公室就被一帮全副武装的肌肉男占了。吓得西法兰克赶紧把压箱底的私房钱都翻出来，凑了一大笔保护费交给这帮武装分子，这才免去了一顿打。

这群惹不起的武装大佬就是后世闻名天下的北欧海盗——维

京人。

维京人在历史上有很多名字，"丹麦人""异教徒""野蛮人""瓦良格人"或"罗斯人"。

但大多数西方集团的选手还是习惯叫他们诺曼人（Norman），也就是北方人的意思。因为他们来自寒冷的北欧，也就是今天的丹麦、挪威和瑞典这一带。当然为了方便我们还是统称他们为维京人。

一般认为维京人和建立西方集团的日耳曼人是老乡，只不过当年欧洲民族大迁徙时，像法兰克、东哥特、西哥特这些日耳曼选手直接南下去打西罗马了，而维京人则留在北方原地待命，没去凑那个热闹。

但是北边太冷了，光靠打鱼种地养活不了那么多人，所以从公元 8 世纪左右，维京人开始大规模地南下做生意，和西欧沿海的选手们交易些毛皮、琥珀之类的商品以及奴隶。

当然他们干的最出名的是一种无本万利的生意，俗称抢劫。

维京人非常擅长航海，他们一路向西发现了冰岛，甚至还有一种观点认为维京人早在哥伦布之前就到过美洲。维京人喜欢乘坐一种细长的轻型船，这种船既能在海上高速航行，也能顺着河流深入内陆，实在是居家旅行、杀人越货的最佳选择。

来去如风的维京人袭击的重点就是欧洲大陆西部和大不列颠岛。

欧洲大陆上原本强大的查理曼帝国，现在已经变成了法兰克废柴三人组，这哥仨动不动就打成一团，各自的内部也是一盘散沙，早就没了当年打败阿拉伯选手时的精气神；而隔海相望的大不列颠岛巴掌大的地方就站了好几个选手，其中实力比较强的是诺森伯里亚（Northumbria）、麦西亚（Mercia）、东盎格里亚（East Anglia）、威塞克斯（Wessex）四个，他们号称不列颠 F4，但真正的实力也就那么回事，连个优秀的炮灰都算不上。

维京人本身就很能打，地方上的那点守军根本就挡不住他们。要是对面集中了大部队想要决战，维京人坐上船就跑，抓都抓不到，这简直没法搞啊！

对于西方集团的选手所遭受的苦难和无奈，华夏集团的历代一哥如大秦、西汉什么的都表示了最大的同情和理解，因为他们也遭受过类似的痛。

维京人就像东亚草原上的游牧选手，又能跑又能打，只不过游牧选手是骑马，维京人是乘船而已。但不管用什么交通工具，这帮人都是他能打着你，你却抓不着他，你说气人不气人！

当时的西方集团里，几乎没人能挡得住维京人的攻击，所以一开始零星的海盗行为就逐渐演变成大规模的维京入侵。

公元 857 年，维京人在一位叫作"比约恩"的领袖带领下又一次洗劫了巴黎，西法兰克选手毫无招架之力，不但再次双手奉上了一笔保护费，还眼睁睁地看着维京人把办公室南边的一大片区域抢了个底朝天。

之后维京人绕过伊比利亚半岛，经直布罗陀海峡进入了地中海，沿途又是一顿疯抢。后来他们听说罗马城里的教皇国很有钱，于是又一路东进准备去抢罗马。

别看教皇国在西方集团里地位崇高，谁见了都得供着哄着，但对压根就不信天主教的维京海盗来说，教皇国就是个没有还手之力的肥羊，抢起来真是一点难度都没有。

不过教皇国运气好，维京人找错了地方，把卢卡城给抢了，教皇国这才算躲过了一劫。

一直到公元 862 年，这支浩浩荡荡的抢劫天团才结束了这趟地中海上的海盗之旅，动身返回北欧老家。也就是在这一年，一个叫罗立克（也称留里克）的维京人被东欧的斯拉夫人请去做了经纪人 [1]，他带的选手就是日后的基辅罗斯，也是后来俄罗斯和乌克兰等选手的前身。所以这一年也被视为俄罗斯历史的起始年。

是的，维京人不仅擅长当海盗，他们还想当选手。

因为即便是拥有了强壮的身体和超高的战斗力，他们也依然向往稳定的农耕生活。但是北欧的环境不允许他们过这种日子，所以他们就只能到其他集团的地盘上去找机会了。

慢慢地，维京人从单纯的抢劫金银财宝变成了入侵别人的地盘。

在大不列颠岛上，维京人打败了岛上的大部分选手，抢到了一大块地盘，这块地方被叫作"丹麦区"。只剩下岛南部的威塞克斯选手顽强地挺了下来，这位选手就是日后的英格兰，他的故事我们以后再说。

而在欧洲大陆上，维京人也顺利地获得了落脚点。

---

1. 见《往年纪事：古罗斯第一部编年史》。

公元 911 年，被四处乱抢的维京人搞到精神崩溃的西法兰克，想出了一个招安的主意。

他跟维京人说："我给你块地，你认我当大哥，然后给我打工成吗？"

于是一群维京人就在英吉利海峡对面的欧洲大陆上定居下来，这个地方后来在第二次世界大战的时候特别有名，叫诺曼底，著名的诺曼底登陆就发生在这儿。

定居后的维京人也就不怎么出去当海盗了，他们逐渐接受了天主教的信仰，告别了原来纵横四海的生活方式，逐渐融入西方集团中，彻底实现了自身的转型。

此时，远在东方的华夏集团里也发生了类似的剧情。

公元 907 年，曾经的华夏一哥，和阿拉伯选手争夺过舞台 C 位的唐朝走到了谢幕的时候。他被手下的后梁取代了，这之后华夏集团再一次陷入内战中，史称"五代十国"时期。

不过这里要说的不是这个，而是在华夏集团的北边，一个叫契丹的游牧集团选手正在崛起。

契丹的意思是"镔铁"，这也是一个擅长冶炼的民族。契丹人在唐朝的时候就崛起于华夏的东北，在历史上也没少和唐朝干仗，有时候打得赢，有时候打不赢，但实力一直在提升。

等到唐朝退场，华夏集团陷入"五代十国"的内乱中时，契丹在公元 916 年正式成为选手，他夺取了华夏的"燕云十六州"，拥有了一块非常适合农耕的地盘。

这让契丹一下子就成了一个跨界选手，他既在游牧集团有股份，又在华夏集团有资产，他在历史上改过无数次名字，一会儿叫契丹，一会儿叫辽朝。这是因为他既是游牧集团的选手，也算华夏集团的员工，所以有两个注册名也正常。出于习惯，我们还是称呼他为辽朝选手。

辽朝为了适应自己的双重身份，在不同的地方采用不同的制度，简单来说就是在北边的草原游牧区搞一套，在南边的华夏农耕区再搞一套，因地制宜，互不干扰。

不可否认的是，华夏集团的发展前景和历史底蕴就是如此有吸引力，后来辽朝选手也变得越来越像一个华夏的选手，甚至经常以中国自居，完全忘了自己应该算游牧集团的一员这件事。

这就如同现在已经找不到一个民族叫维京人一样，在今天也找不到一个真正的契丹人了[1]，这转型简直不要太成功。

因为从游牧转向农耕，从流动改为定居是大多数人追求的生活，维京人逐渐融合在西方集团里，辽朝选手也一点点地成为华夏集团的一部分，这就是文化之间的吸收和改造，这也是时间维度上的历史大势，并不以任何人的意志为转移。

---

1. 有观点认为今天的达斡尔族和云南的"本人"在血缘上最接近契丹人。

25

咖位之争：
欧亚非大陆上的三国杀

大事年表

时间	外国	中国
公元 10 世纪	埃及法蒂玛王朝（绿衣大食）建立 神圣罗马帝国建立	契丹（辽朝）建立 北宋建立

　　历史舞台上站的选手越来越多，随着队伍的壮大，大规模的公演即将拉开帷幕。为了能在公演舞台上争取一个相对有利的出场位次，不同集团的选手之间互相剑拔弩张，连同集团内部也开始了明里暗里的咖位争夺战。

　　公元 870 年，东、西法兰克选手联手，正式瓜分了中法兰克在西欧的地盘，中法兰克只剩下意大利半岛北部的一小块地方，在集团中的地位一落千丈，到后来更是彻底分裂失去了公演资格。

　　东、西法兰克两人就成了紧挨着的邻居，他们之间的分割线后来逐渐发展为今日德国和法国的边境线。这两个选手都从这次瓜分行动中获益良多，但这之后他们走上了截然不同的发展道路。

　　西法兰克内部贵族林立，这些人有钱有势有地盘，没事就闹个事造个反什么的。内有不省心的贵族，外有隔三岔五来抢劫的维京人，西法兰克真是闹心得要死，所以他没有精力去管别人的事，就一门心思琢磨怎么壮大自己，怎么集中权力。结果这反而让他的发展后劲十足，最后不但解决了内部的问题，还摇身一变成了后世大名鼎鼎的法兰西。

另一边的东法兰克选手也就是后来的德意志，他的故事则完全是另一个风格了。

东法兰克原本很有希望成为集团一哥。他一上来就在经纪人奥托一世的带领下，强力打击地方的贵族，加强中央的权力，把所有人都管得服服帖帖的；对外他带着小弟们打退了游牧集团马札尔人的入侵，把他们赶到了东欧平原上，而这批马札尔人就是后来的匈牙利选手。

自此东法兰克在集团内打响了知名度，所以后来奥托一世也被尊称为"德意志之父"。

公元962年，东法兰克又出兵罗马，正式从教皇国手中获得了"罗马帝国"的称号，后来他陆续在"罗马帝国"这个名字前面加了不少前缀，叫作神圣罗马帝国、德意志民族的神圣罗马帝国[1]。我们就简称他为"神罗"选手。

"神罗"选手的罗马帝国继承人身份虽然是教皇国认证的，但他一点也不给教皇国面子，处处压制教皇国的权威，把自己当成了教皇国的监护人和整个天主教世界的最高统治者。

---

1. 公元962年东法兰克国王奥托一世在罗马加冕为"皇帝奥古斯都"。1034年，帝国国号改为"罗马帝国"，1157年国书书写为"罗马帝国"和"神圣罗马帝国"，后结合为"神圣罗马帝国"，以及"德意志民族的神圣罗马帝国"。1806年，在拿破仑的主导下，神圣罗马帝国解体。

"神罗"在西方集团里咖位飞速攀升，但从此他的舞台生涯也和意大利这个地方锁死了。因为他毕竟叫神圣罗马帝国啊，而罗马就在意大利，他要是连意大利都控制不了，还怎么好意思叫这个名字。

所以从此以后每一任"神罗"经纪人，只要有能力都得在就任的时候去意大利晃一圈，显示一下存在感。

然而一直被"神罗"压制的教皇国肯定是不满意的，他明里暗里不停地给"神罗"使绊子。比如公元 1076 年教皇国开除了"神罗"经纪人亨利四世的教籍，相当于取消了他的经纪人身份，也给了他手下人造反的机会。

"神罗"选手的事业一下子急转直下，无可奈何的亨利四世在卡诺莎城堡外，顶着风雪光着脚站了三天三夜才获得了教皇国的原谅，史称"卡诺莎之行"。

之后"神罗"和教皇国为了争夺整个集团的主导权又打了无数个回合，这极大地牵扯了"神罗"的精力，让他只能把更多的力量投入到和教皇国的互撕中，反而没空管自己内部的事。

这导致"神罗"内部的地方割据势力趁机一点点壮大，没多久"神罗"就陷入了严重的内耗，原本开局形势一片大好的他越往后越颓废。这也是到了近代的时候，德意志迟迟无法统一的原因之一。

同样家里不消停的，还有伊斯兰集团的阿拉伯选手。确切地说，当年那个横跨欧亚非大陆、统一而强大的阿拉伯帝国已经名存实亡，在他原来的地盘上出现了很多独立的选手。

地处中东的阿拔斯王朝名义上代表中央，但其实他也管不了谁。比如伊德里斯王朝、图伦王朝、萨法尔王朝、萨曼王朝、法蒂玛王朝、后倭马亚王朝等等，这些选手要么割据一方，要么不服管理，反正就是不和阿拔斯一条心。

然而阿拔斯选手自己也并没有很争气，他在不断的内乱中逐渐沦为野心家手中的傀儡。公元1055年，来自西亚的塞尔柱帝国架空了阿拔斯选手，可怜兮兮的阿拔斯能管的地方就变成了巴掌大的一亩三分地，这哪还有当年纵横天下时见谁灭谁的英雄气概啊！

对于阿拔斯王朝选手的苦闷，华夏集团的北宋选手深表理解。

公元960年，也就是"神罗"选手正式改名的前两年，北宋选手登上舞台，准备重新开始运营华夏集团。

但是，北宋选手和之前的大秦、西汉、东汉、唐朝这些武力值爆表的选手不一样，他走的是文艺花美男路线，小身板也不如几位老前辈来得壮实。河北的燕云十六州就被辽朝选手占了，西北的凉州、灵州一带也被西夏选手占了。这两位选手都是游牧和华夏两个集团跨界玩耍的高手。他们把北方最好的马匹产地都占了，搞得北宋连像样的战马都很难搞到，只能用穿着厚重盔甲的步兵"海"去硬扛辽朝和西夏的骑兵团，那打起仗来真是被动得很。

所以，打不过就不打了呗。

北宋选手打不过辽朝和西夏，就给他们交保护费来换平安。这

西夏

点小钱北宋根本就不放在眼里，虽然西夏把陆上的丝绸之路堵住了，但北宋大力发展海上的陶瓷之路，他的商船遍布海上，把丝绸、瓷器、茶叶等紧俏货销往各地，每天数钱数到手抽筋。

写写词，唱唱曲，品品茶，听听戏，一时间北宋的小日子过得美得很。但还是有很多粉丝对北宋选手的咖位感到不满意，他们希望富国强兵，希望北宋能北伐干掉辽朝和西夏，重现当年两汉和唐朝的高光时刻。

这些人中的代表人物就是范仲淹和王安石，他们都掀起了变法以图强，希望能带着北宋原地起飞。

但这样的变法改革让北宋陷入持续的内耗之中，改革派和保守派之间的斗争拖垮了北宋本就羸弱的小身板。

更惨的是这时候北宋摊上了可能是人类有史以来最不称职的一位经纪人——著名的艺术家皇帝宋徽宗。

在这位"除了不会当皇帝啥都会干"的败家子的带领下，北宋联合东北片区新登场的金朝选手进攻辽朝，想趁机提高一下自己的咖位。但没想到辽朝是被打下去了，北宋也没捞着好，直接被金朝灭了。公元1127年，金朝攻破了北宋的办公室开封，绑走了北宋两位经纪人宋徽宗和宋钦宗，史称"靖康之变"。

北宋下场后，他的继承人南宋选手在江南得过且过，几乎整个淮河以北的地盘都成了金朝选手的天下。这之后金朝、西夏和南宋之间为了咖位的问题也大打出手过好多次，但依然是谁也没能解决谁。

总的来说，舞台上的选手们虽然打得热闹，但总体咖位排名并没有太大的变化，反而造成了严重的内耗。谁能笑到最后，还得看即将到来的公演。

26

公演来啦（上）：
画风跑偏的十字军

大事年表

时间	外国	中国
公元 11 世纪	1096 年—1099 年 第一次十字军东征	1069 年 王安石变法开始
公元 12 世纪	1147 年—1149 年 第二次十字军东征	1127 年 北宋灭亡
	1189 年—1192 年 第三次十字军东征	1189 年 宋孝宗禅位
公元 13 世纪	1202 年—1204 年 第四次十字军东征 君士坦丁堡被十字军攻占	1206 年 铁木真统一蒙古各部， 号"成吉思汗"

公元 11 世纪的欧亚非大陆上，一场全体选手都参与的特别公演正式开始了。各位选手以所在集团为单位，分组对抗，轮番上阵。

第一个登上公演舞台的，是曾经的罗马帝国继承人，辉煌一时的拜占庭选手，当然他现在已经是落了地的凤凰不如鸡，宗教圣城耶路撒冷被伊斯兰集团的法蒂玛王朝占着，小亚细亚地区的地盘也几乎都被伊斯兰集团的塞尔柱选手抢走了。

随时都可能被 KO[1] 的拜占庭只能去求西方集团的教皇国，希望他能看在大家都是同胞的分上，拉兄弟一把。

教皇国觉得这是个好机会，打宗教战争既能扩展自己这个宗教领袖的影响力，又能趁机打压一波集团里的实力选手，这操作怎么算都不吃亏啊！

---

1. KO：本为拳击用语，现多引申为"击倒"之意。——编者注

于是教皇国就开始发挥自己的最大优势——忽悠，他跟集团里的其他选手说，谁能打败异教徒，收复圣城耶路撒冷，谁就能走绿色通道，甚至能在东方发大财！

对西方集团的选手们来说，聊情怀他们顶多激动一会儿，但要是说到能发财那他们可就不困了，大家都争先恐后地要求参加战争，毕竟打赢了那就是名利双收啊。因为参赛选手众多，为了队形整齐好看，也为了提升士气，西方集团所有的参赛选手都穿着带十字图案的统一服装，向着东方的圣城耶路撒冷冲了过去，所以这次战争也被称为"十字军东征"[1]。于是一场由拜占庭提出申请，教皇国负责宣传，西方集团的各位选手出人出力的宗教战争就这么打响了。这场东征前后换了九批选手参赛[2]，一共历时近二百年才结束。

公元 1096 年，第一批登场的十字军正规军主要由法兰西地方贵族和骑士组成。他们在拜占庭选手的配合下穿过君士坦丁堡，收复了亚洲的部分地盘，然后沿着地中海东岸一路南下，直奔塞尔柱选手而去。

在神圣使命的感召下，也在抢夺地盘的现实利益的刺激下，十字军战斗力惊人，一路高歌猛进，而塞尔柱选手这时候后院着火，家中发生内战，根本就无力抵抗。控制耶路撒冷的法蒂玛王朝此时也是内忧外患，被十字军的突然袭击打了个措手不及。

1. 见张一鸣：《多角度浅论十字军东征动机、过程及影响》，《祖国》，2019 年第 1 期。

2. 也有观点认为第八次和第九次十字军东征应算作一次，故也有八次十字军东征的说法。

公元 1099 年，十字军攻下了圣城耶路撒冷，完成了最初定的小目标。在这些新攻下的地盘上，陆续登场了四位新选手，他们就是爱德沙伯国（Edessa）、安条克公国、的黎波里伯国和耶路撒冷王国，号称"十字军四小强"。他们成了西方集团对抗伊斯兰集团的最前方战线。没错，耶路撒冷虽然攻下了，但也得能守住才行。

塞尔柱选手在首轮公演中表现不佳，但这并不代表整个伊斯兰集团的其他选手都不给力。

公元 1127 年，一位叫赞吉王朝的选手登场于叙利亚地区北部。他上来就把西方集团的爱德沙伯国给打趴下了，第二轮公演正式开始。

这次的赛况和第一次完全相反，虽然西方集团派出了法兰西和神圣罗马帝国这两位实力强劲的选手组成了第二次十字军，但"神罗"选手刚到亚洲就被赛尔柱打垮了，法兰西虽然勉强蹭到了耶路撒冷，但基本没取得啥成果。于是第二轮公演就这么草草收场了。

此时伊斯兰集团方面调整了参赛选手名单，塞尔柱选手虽然打败了"神罗"选手，但毕竟之前不给力的表现大家有目共睹，于是被直接排除在主力阵容之外。

公元 1171 年，占据埃及的法蒂玛选手也下线了，取代他的是阿尤布王朝，这位选手也成了之后几轮公演中的绝对主力。

阿尤布选手的经纪人，就是伊斯兰历史上最伟大的英雄之一萨拉丁。公元 1187 年，阿尤布王朝在萨拉丁的带领下再次夺回了耶路撒冷。

耶路撒冷一出事，教皇国马上就组织起第三次十字军东征。这次出马的选手堪称全明星阵容，分别是"神罗"、法兰西和英格兰。

"神罗"和法兰西是西方集团里的老牌选手，英格兰虽然是新人，但势头很猛，按理说这三位加起来已经代表了西方集团当时的实力天花板。

不过可惜，信心满满的十字军在第三轮公演里又演砸了。

实力最强的"神罗"选手刚踏上亚洲的土地，经纪人腓特烈一世就在过一条小河的时候突发心脏疾病淹死了，也有说他是着凉病死的[1]，反正是在线直播了一场出师未捷身先死的催泪神剧。失去了主心骨的"神罗"选手也无心恋战，当场选择退出。

剩下的法兰西和英格兰又是一对打了好多年的老冤家，法兰西一个不高兴，干脆也撂挑子回了家，就剩下英格兰一个人硬着头皮往前冲了。

英格兰当时的经纪人是著名的狮心王理查，他和对面阿尤布王朝的经纪人萨拉丁是棋逢对手，将遇良才，两边谁也打不服谁，反而还有点英雄惜英雄的意思。

可惜英格兰在前线努力表现，后方的法兰西却趁他不在家猛挖墙脚，英格兰只能无奈选择回城，收复耶路撒冷的目标还是没实现。

眼看西方集团在公演中的表现越来越差劲，教皇国着急了，他又迅速发起了第四次十字军东征。不过这次他改变了策略，不直接

---

1. 见尼科洛·马基雅维里《佛罗伦萨史》。

十 字 军

拜占庭

君士坦丁堡

阿尤布

去打耶路撒冷了，而是直奔阿尤布选手的老巢埃及，准备给他来个釜底抽薪！

于是，几轮公演中画风跑偏最严重、最诡异，也最让人哭笑不得的第四次十字军东征开始了。

要打埃及，就要坐船，而谁有一次能运送好几万人的船呢？答：只有意大利半岛上的威尼斯选手。

威尼斯和那些头脑发热的西方选手不一样，他个子不高，块头也不大，但是非常有商业头脑，拥有一支强大的舰队，从实力上来说完全能接下这个海上远征的大单子。

但是威尼斯选手也有一个问题，那就是跟他说什么情怀啊、信仰啊都白扯，他只认钱。想要请他来助演就必须给钱，而且是一大笔钱。

但问题是十字军去东边就是想去抢钱的，他们要是能掏出来这么多钱，还去东边远征干吗？

威尼斯说钱不够没关系，你们可以帮我干活抵债。我旁边的匈牙利选手总和我在生意上过不去，你们帮我打他一顿！

于是十字军就被迫充当了一把工具人，把匈牙利给揍了。

可问题是匈牙利也是信天主教的啊，十字军东征不就打着赶走异教徒的名号吗？这不去打对手却来打队友是什么情况啊！

更让人瞠目结舌的是，打完了匈牙利的十字军还是凑不够钱，于是他们就在威尼斯的怂恿下，也在教皇国的默许下，把他们这场东征要拯救的目标之一拜占庭给打了。

不为别的，就因为拜占庭有钱。公元 1204 年，十字军攻陷君士坦丁堡，在城里大肆抢掠和屠杀。

拜占庭就这样满脑袋问号地被踢下了场，他的地盘被十字军和威尼斯瓜分，大家都捞了不少好处。至于进攻埃及，收复耶路撒冷，已经被抛在了脑后。

没错，这场战争归根到底还是为了利益。教皇国为了抬高自己，拜占庭则是驱虎吞狼，威尼斯纯粹是为了赚钱，其他选手同样是为了给自己赚名声、捞好处，总之就是每个人心里都有自己的小九九，所以眼看去东边打仗越来越不划算了，各位选手参赛的热情也就越来越低。

公元 1217 年教皇国连忽悠带吓唬又组织了第五次十字军东征，这次冲在一线的是一堆十八线选手，唯一一个还算有点名气的就是匈牙利，当然结局也是不出意料地又失败了。教皇国被啪啪打脸，对于主导十字军东征也显得越来越力不从心了。

公元 1228 年，"神罗"选手发动了第六次十字军东征，不过因为他和教皇国闹翻了，教皇国不但不帮忙，甚至还暗中各种拖后腿，各种阴招狠招一个接一个，比对付敌对方还努力。

兵力不足的"神罗"最终用谈判收回了耶路撒冷，不过那并没有什么用，教皇国根本就不承认"神罗"的成功。这么神圣的战争，怎么能和对方谈判呢？

公元 1248 年，第七次十字军东征开始，法兰西选手响应号召参与，被阿尤布选手秒杀；不甘心的他联合英格兰又参与了第八次和第九次十字军东征，当然，结果还是丢人现眼。

此时大家已经对这场旷日持久的公演失去了耐心，最终在公元1291年，"十字军四小强"全都退赛离场，连续九轮的特别公演也终于落下了帷幕。

折腾了近两百年，除了留下了遍地的战争创伤和无数的伤亡数字，一切又回了起点。

十字军东征的冗长剧情是越往后越烂尾，但其实从第五轮公演开始，就有一个东方的选手加入了比赛，而在后面的时间里，他将用自己的实际表现来证明，谁才是公演中真正的主角。

27

公演来啦（下）：
蒙古为什么要西征？

大事年表

时间	外国	中国
13 世纪	1217 年—1221 年 第五次十字军东征	1219 年—1225 年 蒙古第一次西征
	1228 年—1229 年 第六次十字军东征	1235 年—1242 年 蒙古第二次西征，也称"长子西征"
	1248 年—1291 年 第七、八、九次十字军东征	1254 年—1260 年 蒙古第三次西征

在第五次十字军东征期间，当十字军正在中东和阿尤布选手死磕的时候，一位来自东方的选手不经意间从战场边上路过，甚至从某种程度上来说改变了这轮公演的战局。

这位选手就是蒙古帝国。

蒙古选手出身于游牧集团，他原本是金朝的手下，还是经常受欺负的那种。公元 1206 年，一位杰出的军事家统一了松散的蒙古诸部，建立了统一的大蒙古国，这个人就是被尊称为成吉思汗的铁木真。

蒙古选手登场时，周围站的选手挺多，比如辽朝在中亚开的小号西辽，还有南边的西夏、金朝什么的，但这几位老选手都过气了，完全没法和冲劲十足的蒙古相比。蒙古选手先在公元 1218 年干掉了西辽，随后打服了西夏，又打垮了金朝，成了东亚北方草原上的最强者。

其实这个时候蒙古并没有参加公演的想法，他的主要精力还放在干掉金朝、入主中原这件事上。但架不住有人给机会啊。

打垮了西辽后，蒙古就和中亚强国花剌子模成了邻居，这是一个实力很强的选手，地盘广大，军力强盛。

蒙古作为游牧集团的选手，特别重视商业和贸易，毕竟草原上物资紧缺，全靠贸易来维持生活。所以他就和花剌子模约定，说好了一起做买卖挣小钱。没想到花剌子模实在不讲信誉，给蒙古派去的商队扣了个间谍的罪名，人全杀了，货也全抢了。蒙古派使节去交涉，又被花剌子模连杀带羞辱的，这下梁子可结大了[1]。

既然好说好商量行不通，那就用刀剑来讨回公道吧。蒙古选手调集主力部队，在公元 1219 年出兵花剌子模，史称第一次蒙古西征。

蒙古这次下场，本来是抱着试一试水的心态，没想到看似惹不起的花剌子模竟然如此不禁打，蒙古没费什么工夫就打垮了花剌子模，连本带利地把损失都找补了回来。

蒙古选手没想到此行这么顺利，瞬间底气大增。于是他一路追杀向西逃窜的花剌子模，一直追到了里海西边的高加索地区，这里有一位信奉东正教的格鲁吉亚选手，正处在职业生涯的巅峰。

之所以说是巅峰，是因为他遇上了蒙古，这意味着他以后都没有好日子过了，所以之前的日子才是巅峰。

---

1. 见张小瑜：《花剌子模帝国衰亡的原因探析》，《剑南文学（经典教苑）》，2012 年第 1 期。

公元 1221 年，蒙古把格鲁吉亚劈头盖脸一顿打。原本格鲁吉亚打算和第五批十字军南北夹击阿尤布王朝的，结果这事被蒙古人搅黄了。

从这个角度来说，第五次十字军东征的失败，蒙古也是要负一定责任的。要不是你把人家的策应部队打垮了，这仗也许还输不了呢。

当然此时的蒙古选手并不知道这档子事，他已经穿过狭窄的高加索地区，眼前就是平坦的南俄草原和东欧平原，这对以骑兵为主的蒙古选手来说，简直跟回到自己的主场一样爽。

在这种地形上作战的蒙古选手基本上处于无敌状态，他轻松打跑了东欧草原上阿兰人和钦察人的游牧联军，然后继续向东欧方向挺进，挡在他前面的是以基辅罗斯为代表的斯拉夫集团的一众选手。

不过这时候基辅罗斯也已经分裂了，蒙古也没费什么劲就把他们给打服了。

其实这次蒙古西征也就是顺便探个路，但没想到一路走来也真没遇到个能挡住他的对手，一次侦察探路行动硬是被他打出了亡其国灭其种的节奏，属实是挺让人意外的。

公元 1225 年，蒙古选手掉头回了东亚，继续他未完成的灭金大业，第一次蒙古西征结束。这次西征虽然没有打到底，但蒙古已经基本上把路探明白了。

公元 1234 年，蒙古选手在新经纪人窝阔台的带领下联合南宋灭掉了金朝，解决了这个后顾之忧，蒙古选手很快发动了第二次西征。因为这次西征的主力是由各个家族里的大儿子组成的，所以也被称为"长子西征"。

蒙古的西征和十字军东征那种挂着羊头卖狗肉的做法不一样，他就是纯粹地想要征服更多的土地，开辟更远的商路，赚更多的钱。

所以对他来说，西征永远没有终点，就像对土地和财富的渴求永远没有尽头一样。使出全力的蒙古选手展现出恐怖的舞台统治力，南俄草原上的钦察人挡不住蒙古大军，东欧平原上的基辅罗斯更是毫无还手之力，他们要么毁灭，要么臣服，要么逃亡，总之是被打得一点脾气都没有。之后蒙古在这里建立了金帐汗国（又称钦察汗国），统治了当地人近三百年，直到后来俄罗斯的前身莫斯科大公国崛起，才使当地人摆脱了奴隶的地位。

短暂休整之后，蒙古兵分两路，对波兰王国和匈牙利同时开战。

欧洲的各位选手被蒙古打得惊慌失措，只能暂时放下彼此之间的矛盾，组建联军来对抗蒙古。不过当时欧洲的军事水平和战争技巧实在是没法和能征善战的蒙古相提并论，在公元 1241 年的里格尼茨之战中，蒙古以少胜多，几乎全歼了对面的波兰—德意志联军。然后他又南下把匈牙利选手给揍了。

匈牙利本来是草原上游牧的马扎尔人，自从他被"神罗"选手打服之后[1]，就不再游牧改为定居了，还信奉了天主教[2]。因为他站的位置比较靠东，正好是保护整个欧洲免受攻击的第一道防线，所以后

1. 神圣罗马帝国的奥托一世在公元955年的莱希费尔德战役中取得胜利，马扎尔人对西欧的军事行动就此终结。

2. 公元 1000 年 12 月 25 日（或说公元 1001 年 1 月 1 日），阿尔帕德大公伊什特万一世正式信仰天主教，并被教宗加冕为第一位匈牙利国王。

来匈牙利人送外号"天主教之盾"。

但在强大的蒙古面前，什么盾都只是摆设。匈牙利在蒙古的攻势下连自己的办公室佩斯城都没保住，只能狼狈逃窜。蒙古兵临多瑙河流域，再往前就是西方集团的核心区域西欧了。

放眼望去，场上已经没有哪个选手能压制蒙古，按这势头蒙古是准备一波把全场带走了。

然而这时候他自己停下了脚步，因为后方传来消息，他的经纪人窝阔台去世了，蒙古只能放过了面前的欧洲人，转身回家去料理家事。

整个欧洲都长舒了一口气，为自己躲过一劫而默默地擦了把冷汗。而接下来的受害者则是伊斯兰集团的选手们了。

公元 1251 年，蒙哥成了蒙古的新任经纪人，他一面亲率大军进攻南宋，一面派弟弟旭烈兀开展第三次西征，而这个时候法兰西选手正带着第七批十字军和阿尤布选手打得热闹。

蒙古一出手，还是熟悉的配方，还是原来的味道。

公元 1256 年，蒙古灭了中亚的木剌夷国，因为这家伙不但不认蒙古当老大，甚至还敢袭击蒙古的商队，这简直是嫌自己命长啊，于是蒙古就让他再没机会出现在历史舞台上。灭了木剌夷后，蒙古在这里建立了伊利汗国，让他来镇场子。之后蒙古大军继续向前，直奔阿拉伯帝国的最后继承人阿拔斯王朝。战斗结果实在是毫无悬念，登场时间超过五百年的阿拉伯帝国也正式成了历史。

拿下阿拔斯王朝之后，蒙古继续进军叙利亚地区，把本来就奄奄一息的阿尤布王朝打得只剩最后一口气，眼看就要冲到埃及了。

但是这时候意外又发生了。

当时带队进攻南宋的蒙哥竟然死在了四川合州钓鱼城下[1]，蒙古选手又在关键时刻失去了经纪人，只能紧急地一脚刹车，停止了对埃及的攻势，再一次转身回家解决自己的内部问题去了。

他临走前还留下了少量部队，但这点人马显然不够干啥的，很快就被阿尤布手下的马穆鲁克骑兵击败了，蒙古的第三次西征就此结束。此后的蒙古陷入了持续多年的内乱中，再也没能发动新的西征。

蒙古的三次西征给沿途的所有选手都造成了极大的杀伤，但从另一方面来说他也促进了东西方的交流，尤其是蒙古最鼎盛时期的地盘从东亚的太平洋沿岸直达东欧平原，可以说是把整个欧亚大陆上的商业通道都打通了。

蒙古非常重视商业，他修整道路，清剿盗贼，修建驿站[2]，为往来的商队提供服务和保护，商人们只需要给蒙古一位大佬交保护费，就能获得全程的便利和安全，这简直太划算了。所以14世纪也被部分学者称为"蒙古强权下的和平世纪"。

下一个交流如此频繁的时代，舞台将不再局限于我们熟悉的这片大陆，全新的分赛区和分会场也马上要加入历史进程。

---

1. 蒙哥的去世原因，至今史学界尚无明确结论。《史集》《续资治通鉴》称死于痢疾，《古今纪要逸编》认为死于忧愤，《海屯纪年》说是落水而死，《合州志》则记载蒙哥被矢石击中重伤去世。
2. 见宋鑫秀：《蒙古西征对当时世界的统治及影响分析》，《黑龙江史志》，2014年第9期。

28

复古与时尚：
文艺复兴与大明建国

大事年表

时间	外国	中国
14—15 世纪	黑死病爆发 文艺复兴开始	明朝建立 郑和下西洋

漫长的公演季结束后，舞台上的竞争变得更加激烈了。

由于九次十字军东征中实在上演了太多烂俗桥段，让大家对张罗这事的教皇国非常不满，西方集团里的其他选手趁机开始加强王权，压制教权，希望能摆脱教皇国对自己的精神控制。选手和选手之间也打得满脸血，著名的英法百年战争就发生在这个时候。

更糟糕的是，可怕的传染病突然袭击了西方集团的各位选手，这就是"黑死病"。

"黑死病"其实是传染性特别强，致死率也特别高的鼠疫。得了这个病的人会全身发黑然后迅速死亡，所以得名"黑死病"。

当时在教皇国的强势宣扬下，很多信徒都是禁欲系风格，反对一切能让自己感到愉悦的事情，其中就包括洗澡。有个别极端的甚至几十年都不洗澡，以此来显示自己的虔诚[1]。虽然不是所有人都能做到一辈子不碰水不湿身，但这样的卫生观念总归是不利于抵御传染病的。

在疾病治疗方面，他们的操作就更让人看不下去了。

当时所谓的"西医"看病十分狂野，基本就靠放血、催吐和灌肠这三招，简称"上吐下泻加放血"疗法。此疗法号称包治百病，这倒是没撒谎，因为这疗法只负责治百病，又没说一定能治好。

在几十年的时间里"黑死病"夺走了约两千五百万人的生命，约占当时整个欧洲人口的三分之一。以至于英法的百年战争都只能暂时停战，因为死的人实在太多，连兵都招不满了。

死了这么多人，大家总得讨个说法吧。而当时掌握舆论解释权的就是教皇国，可问题是他也说不清楚这玩意到底咋回事，只能重复他那些神学理论的老论调，什么这都是上天对我们的惩罚，大家只要信仰虔诚就能得救，等等。

但问题是这一套说辞已经忽悠不了大伙儿了，因为在"黑死病"面前可是人人平等的，那些虔诚的教士、神父也没少死啊，这和他说的也对不上啊。

这下子大伙儿多少有些明白了，所谓的神学并不是世界上唯一的真理，越来越多的人开始在文学、艺术、科学和哲学等领域对教皇国的绝对权威发起冲击和挑战，他们以复兴古希腊和古罗马的文

---

1. 见威廉·莱基《欧洲道德史》。

化为旗帜，对中世纪神学统治发起了猛烈的冲击。

时尚的风向标一变，西方集团的各位小伙伴才发现，原来古希腊集团和古罗马集团给他们留下了这么多好东西啊，那还犹豫啥，赶紧学起来啊。曾经的时尚又一次在选手中流行起来，这就是历史上著名的"文艺复兴"。

与此同时，东边的华夏集团也在经历着一场复古时尚的回流。

公元 1279 年南宋选手正式退赛后，华夏集团第一次失去了自己全部的签约选手。不过华夏集团并没有停业破产，而是以另一种方式继续存在。

这个时候同时占据了华夏和草原的蒙古选手是整个东亚的绝对老大，西边的金帐、伊利、察合台和窝阔台四大汗国是他的小弟。

就和之前那些入主中原的游牧集团选手一样，入主中原的蒙古选手也以肉眼可见的速度开始了汉化，个人气质和行事作风越来越像一个华夏集团的选手，他甚至还专门从《易经》里挑了"大哉乾元"这句话，给自己取了个很华夏的名字叫大元，历史上一般称他元朝。

是的，元朝追赶潮流的方式就是从游牧集团跳槽到了华夏集团，这让四大汗国非常不满，他们觉得元朝这是赤裸裸地背叛，于是跟他闹翻了，最后直接兵戎相见打了起来。

不过元朝虽然跳了槽，但他身上依然保留了很多游牧集团的特征，汉化的程度也比较有限。比如华夏集团历来特别重视的科举制度在元朝那里就变得可有可无，甚至有过长达几十年不开科举的情况。

这种半吊子的学习水平给元朝选手带来了很多困扰，越往后发展自身积累的矛盾就越多。

更糟糕的是，在西方集团被"黑死病"折磨得奄奄一息时，元朝这边也出现了大规模的瘟疫和洪灾，再加上失败的货币政策带来了恶性的通货膨胀，当时的老百姓要么在水灾和瘟疫中死于非命，要么拿着废纸一样的纸币饥寒交迫，反正都是活不下去，那便只能造反。

公元1351年，正是西方黑死病疫情最严重的时候，元朝这边爆发了轰轰烈烈的红巾军起义，无数人揭竿而起反对元朝，有打着宋朝旗号的，有割据一方称王称霸的，反正热闹得很就是了。

在这些人中，笑到最后的就是公元1368年正式登场的明朝选手。他从良莠不齐的一堆新人中脱颖而出，最终把元朝打回了草原，成了华夏集团的独家签约选手。

这么大的事，当然要让大家都知道才行。

于是从公元1405年开始，明朝派遣著名的"三宝太监"郑和，七次下西洋。所谓西洋，指的是今天中国南海以西海域及沿海各地。

郑和下西洋的船队规模宏大，人员多达二万七千多人，拥有罗盘等先进的航海器械，这让他们可以一路远航到南洋群岛、印度洋、波斯湾、红海和非洲东海岸，途经当时亚非30多个国家和地区。

这是华夏集团历史上第一次由官方组织的远洋航行，极大地扩展了明朝在海外的影响力，也交到了很多朋友。这不只是明朝选手一个人的成就，更是整个人类航海史上的壮举。

至于明朝为什么要下西洋，说法有很多种，其中一种观点认为，他是利用这支强大的舰队去宣扬自己的实力，让周围的小兄弟们认清形势，告诉他们："华夏已经有新一哥啦，就是在下！想磕头的赶紧，大哥绝对不会亏待你们的！"

所以这次出海的范围虽然很大，但本质上依然是一次朝贡外交，和之前华夏集团的选手干的事并没有啥区别，只不过是从陆地上挪到海上了。

西方集团的"文艺复兴"，名义上是复兴，本质上却是想继续往下走；而明朝对华夏的复兴，是真的想回到过去。

这两件事一个是质的改变，一个是量的累积，完全不可同日而语，这也将最终决定两家集团的选手在未来的命运走势。

29

强势出圈：
奥斯曼崛起与新航路开辟

大事年表

时间	外国	中国
公元 15 世纪	奥斯曼攻占君士坦丁堡 葡萄牙、西班牙开辟新航路	土木之变、北京保卫战相继发生 明孝宗开创"弘治中兴"

公元 14 世纪晚期，当明朝把曾经强大无比的元朝打回了草原老家之时，西边的伊斯兰集团里也火箭般蹿起了一个新人，同样是一顿拳打脚踢地改变了整个中东赛区的局势。

这位选手就是奥斯曼土耳其帝国，简称奥斯曼。

奥斯曼选手原本是花剌子模选手的手下，后来花剌子模被蒙古灭了，奥斯曼也就一路逃到了今天的小亚细亚半岛这一带，成了罗姆苏丹国的附庸。而这罗姆苏丹国还是塞尔柱选手的附庸，于是奥斯曼这个弱小可怜又无助的小弟，在公演季的时候连一秒钟的镜头都没捞到。

但随着十字军东征和蒙古西征的轮番夹击，奥斯曼的机会来了。他的大哥罗姆苏丹国崩了，大哥的大哥塞尔柱选手也亡了，西边的拜占庭在第四次十字军东征的时候被自己人打了，半个多世纪后才勉强拿到了复活的机会，但也就是勉强维持，根本就压不住奥斯曼的崛起势头。

奥斯曼趁势夺取了拜占庭在小亚细亚半岛的大部分领土，甚至还渡过爱琴海，一只脚踏上了欧洲，开始不断蚕食拜占庭的地盘。可怜的拜占庭只能又一次去找坑过自己的西方集团那帮"塑料兄弟"求救，毕竟再"塑料"的兄弟情也是兄弟情啊。

但是经历了九次十字军东征的折腾和三次蒙古西征的打击，再加上可怕的黑死病的摧残，西方集团这边也实在是使不出多少力气来拯救拜占庭了。在1396年的尼科堡战役（又称尼科波利斯战役）中，奥斯曼一举打败了匈牙利、法兰西和"神罗"组成的联军，彻底打开了通往欧洲的大门。

公元1453年，奥斯曼经过鏖战终于攻克了君士坦丁堡，存在了一千多年的拜占庭帝国彻底灭亡。奥斯曼把自己的办公室迁到君士坦丁堡，并把这里改名叫伊斯坦布尔，如今这里是土耳其共和国的经济和文化中心，也是国际知名的旅游城市。

奥斯曼选手拿下了伊斯坦布尔后，也就奠定了自己在欧洲东南部和地中海东部的霸主地位，连"天主教之盾"匈牙利都被他打得灰头土脸。奥斯曼接连发动了两次维也纳战役，想要一举征服整个欧洲，最终在欧洲联军的拼死抵抗下被击退，这才停止了继续深入欧洲的尝试。

欧洲这边走不通，奥斯曼又开始了向其他方向的大规模扩张，一路征服了中东、西亚和北非的大片领土，成了又一个横跨欧亚非大陆的超级帝国。在这一过程中，奥斯曼广泛吸收东西方各家集团的优点，他既有东方式的君主集权，又有西方式的商业思维，神权与世俗、农业和商业、宗教和科学等元素都在他身上得到了良好的兼容，这让他的舞台表现力和所取得的成就远超之前的那些集团前辈，绝对称得上成功出圈的现象级巨星了。

而且他还凭借自己强大的陆海军掌握了欧亚之间的陆地和海上贸易航线，这种近乎垄断的地位让他这个中间商赚得是不亦乐乎。

但奥斯曼赚差价赚得高兴，西边的欧洲可就高兴不起来了，他们觉得凭啥好处都让你奥斯曼给占了啊！他们很不满，却又打不过奥斯曼，于是就寻思着新开辟一条通往东方的路线，绕过奥斯曼这个中间商，直接和华夏集团进行贸易。

尤其是《马可·波罗游记》把元朝选手描写成一个家里面遍地是黄金和香料的土豪，让身处欧洲的各位选手都对东方充满了向往。当然由于信息更新不及时，这个时候他们还不知道元朝选手已经被赶回草原了，现在华夏集团的台柱子是明朝。

细节不重要，生财之道才重要！

到东方去成了那个时代西方集团里每个人都心心念念的事情。而最积极的就是伊比利亚半岛上的两个新人——葡萄牙和西班牙。

自公元8世纪以来，伊比利亚半岛就被阿拉伯人占了，当地的基督徒当然不干啊，他们掀起了一场持续几百年的"收复失地"运动，誓要夺回属于自己的土地。

在这场漫长的战争中，西班牙和葡萄牙渐渐成长起来，并最终收复了整个伊比利亚半岛。按理说他们俩算登场比较晚的新人，这开辟新航路的事本来落不到他们头上。

但是，此时集团里的其他老选手都有自己的烦恼，要么是和邻居打架，要么是和手下的贵族打架，要么是和教皇国打架，总之都没有啥精力管这件事。

葡萄牙和西班牙刚上台，他们一方面没有过往的历史包袱，一方面又有强健的体魄和坚强的意志，于是他们就成了第一批下海试水的人。

公元 1488 年，正当奥斯曼选手在欧亚大陆上大杀四方时，葡萄牙委托的航海家迪亚士发现了非洲大陆最南端的好望角，这意味着绕过非洲进入印度洋的东方航线已被发现。葡萄牙步步为营，在这一路向东的航线上建立了很多殖民据点，作为商船中转和停靠的地方。当然别的选手想停靠是不被允许的，葡萄牙用这种方式事实上垄断了和东方的海上贸易。

葡萄牙在东边取得了巨大的成功，西班牙也不能干瞅着啊。他选择了往西边走。

当然这不是因为他叫西班牙，原因和一位著名的航海家哥伦布有关。

哥伦布相信地球是圆的，往哪边走都能到东方，他甚至经过计算得出结论，往西边走路更近[1]。于是他就拿着这个成果来找西班牙，希望获得西班牙的支持。

---

1. 哥伦布将地球赤道周长估为 2.7 万公里，而地球赤道实际周长为 4 万多公里。

西班牙一看哥伦布说得好像很有道理，就跟他签了个合同，说好了事后怎么分钱，然后给了他三艘小船让他去寻找通往东方的航路。

哥伦布信心满满地出发了，可惜他搞错了两件事，一是他对路线长度的计算是错的，往西走其实更远；二是他没想到欧洲和亚洲之间，还隔着一个美洲。

公元1492年，哥伦布经过两个多月的航行终于在一块大陆上靠了岸，他正式宣布自己抵达了印度，并把当地黄皮肤黑头发的原住民叫作"印第安人"，也就是住在印度的人。现在的我们都知道，这里其实是美洲，是一块几千年来和欧亚非相隔绝的分舞台。而哥伦布至死都不承认自己到的是一块新大陆，所以最终这块新大陆也没有用他的名字来命名，当然这就是另一个故事了。

在这里西班牙遇到了美洲赛区的阿兹特克、玛雅和印加等选手，这些选手的素质水平远远落后于主舞台的选手们，西班牙过来完全就是实力碾轧。更悲催的是这些选手家里还贼有钱，西班牙要是不抢他们都对不起自己在海上遭的那些罪。于是西班牙对美洲赛区的选手各种烧杀抢掠，战争和病毒最终导致这些选手退赛，西班牙和葡萄牙也把几乎整个美洲中南部变成了他们的殖民地。

当然两位选手之间也因为分赃不均吵过架，最后他俩签了个《托德西利亚斯条约》。通常认为是以西经46°37′线为两人的势力分界线，线以西归西班牙，以东归葡萄牙。西班牙和葡萄牙就这么像切西瓜一样把世界分成了两半。

新航路的开辟是这两位选手整场比赛中最重要也最具影响力的一次集体出圈。这几乎奠定了之后几百年以西方为中心的舞台格局。当然葡萄牙和西班牙只是第一批吃螃蟹的人，在这之后英格兰、荷兰、法兰西等选手纷纷开启了自己的大航海时代，全球舞台上的联系变得越来越紧密，而西方集团也逐渐压倒其他集团，成了整场比赛背后最大的赢家。

这里就有一个让很多人都意难平的疑问，为什么"郑和之后再无郑和，哥伦布之后却有无数的哥伦布"[1]呢？

要知道明朝的郑和下西洋，无论是从时间节点、人员规模，还是从航海技术上来说都强过开局只有几艘小破船的葡萄牙和西班牙，为啥开辟新航路的不是华夏集团呢？

这就是强势出圈和圈地自萌的区别了。

西方的航海是为了获得经济利益，能赚钱就赚钱，能抢钱就抢钱。那些参与新航路探索的航海家既是开路先锋，也是抢掠者，一路上杀人越货的强盗勾当干了不少，自然也赚了不少，这让他们从主观上就有干下去的动力，哪怕客观条件再困难，他们也能克服。

而华夏这边正好相反，明朝选手和之前华夏集团签约的选手一样，都是以种地为主的老实人，商业在他看来纯粹是锦上添花的玩意儿，有就有，没有也无妨。郑和七次下西洋更多是为政治目的服务，从经济上来说肯定是不划算的，所以一旦明朝兜里的钱没那么

---

1. 梁启超的《祖国大航海家郑和传》中载："则哥仑布以后，有无量数之哥仑布……我则郑和以后，竟无第二之郑和。"

多了，这种烧钱行动自然也就不搞了。哪怕明朝选手具有开辟新航路的条件，但他也从没有过这种想法，自然不会有什么后续的操作了。

现在全球舞台已经开始连接成一个完整的世界市场，经过了一轮又一轮的竞争、淘汰和比拼，无数的选手闪亮登场后又黯然离场，大浪淘沙之后留下来的都是实力和人气兼具的选手。

最终的成团之夜即将到来。

在这之前，选手们还要经历最后的选拔和考验。

30

带资进组：
没有钱是万万不能的

大事年表

时间	外国	中国
16 世纪	"尼德兰革命"取得成功 西班牙"无敌舰队"出征英国	明朝实行"隆庆开关"政策 明神宗拒绝上早朝
17 世纪	欧洲爆发"三十年战争" 英国资产阶级革命爆发	明末农民战争爆发 明朝灭亡

在新航路开辟之后，葡萄牙和西班牙两位选手因为下海最早，所以捞到的好处也最多。葡萄牙垄断了通往东方的海上航线，每时每刻都在赚钱；而西班牙占领了盛产金银的美洲中南部，相当于直接抢钱。于是这两位选手就成了整个 16 世纪舞台上家底最厚、实力最强的两位。

尤其是西班牙，他的综合实力更强，殖民地遍布全球各个角落，兜里的钱更是多到花不完。他非常骄傲地给自己起了个拉风的外号叫"日不落帝国"[1]，就跟那些带资进组的关系户一样，看起来真是星途一片坦荡。

但问题是西班牙这钱来得实在是太容易了，只需要跳上船冲到美洲去抢掠一番就行了，这比种地经商搞生产什么的容易多了，既

---

1. 16 世纪西班牙国王卡洛斯一世称："在我的领土上，太阳永不落下。"

然如此那何必还要努力营业呢?

所以西班牙虽然称得上日进斗金,但自身的真正实力没有得到实质性的增长,内部的农业、商业和手工业不进反退,整个业务都荒废了,真是除了有钱什么都没有。

更惨的是最后这钱也没留下。

一夜暴富的西班牙从美洲抢了好多金银,一半运回欧洲,另一半直接运到华夏集团,向明朝选手各种买买买,"剁手"到停不下来。

当然清空购物车这种事花的还是小钱,最烧钱的还得是打仗。而西班牙选手有钱后除了买买买,第二大喜好就是打打打。他不但和集团里的其他选手打来打去,还掺和宗教领域的斗争。

当时的西方集团里出现了一股反对天主教会的宗教改革思潮,人们把这个教派叫新教,试图摆脱教会。

教会背后的教皇国哪能善罢甘休啊,所以他就组织那些信仰天主教的选手去打那些信仰新教的选手。而西班牙就是教皇国的铁杆支持者,到处出头去替教皇国平事。这有再多的钱也经不住这么花啊,西班牙的钱包很快就瘪了下去,甚至还倒欠了不少债。

当时西班牙在西欧有个小弟叫尼德兰,他个头不大,但经济发达,思想开放,以私有制为基础的雇佣生产已经非常普及,这个在历史上被称为资本主义经济。近代商业体系中的股票和证券交易所等新元素最早都出现在那里。因为尼德兰有钱,所以他借了不少给老大西班牙,可西班牙转脸就不认账了,还想方设法从尼德兰身上搜刮。

　　这样欠钱不还还欺负人的老大要他有何用？再加上尼德兰信的是新教，他早就对西班牙的霸道专横和宗教迫害不满了。新仇旧恨涌上心头，尼德兰就在1568年彻底和老大西班牙翻脸了。经过了漫长的"八十年战争"，尼德兰最终取得了独立，这就是后来我们熟悉的荷兰，这也是整个舞台上第一次成功的资产阶级革命。

　　独立之后的荷兰发展速度非常快，很快超越西班牙成了整个17世纪表现最突出的选手，人送外号"海上马车夫"，通俗来说就是全球快递业的超级巨头。他在北美、东南亚和东亚占了很多殖民地，当时荷兰选手一个人的贸易量就占到了全球总额的近一半，坐拥商船一万五千艘，比西方集团其他选手加起来的总和还多。

　　可惜，荷兰的霸权也没有维持太久，取代荷兰的，就是后来制霸舞台几百年的大英帝国——英格兰。

　　英格兰的崛起过程其实有点令人不齿。大航海时代开始后，英格兰也想下海去捞一票，但美洲那些产金银的地方都被西班牙占了，英格兰的海军打不过西班牙，只能在一边看着西班牙每天一船一船地往家里运金银财宝，眼馋得要死。

　　于是他就想出了一个非常妙的主意，他暗中支持海盗去抢西班牙的运宝船。英格兰给海盗发放一种"私掠许可证"，通俗来说就是可以合法地"奉旨打劫"。海盗们负责动手，英格兰负责销赃。这帮海盗抢完了钱，人要吃吃喝喝，船得修修补补，最后又把钱消费在了英格兰这儿，这相当于自费给英格兰打工啊。于是英格兰就靠着和这帮海盗坐地分赃，赚到了自己在大航海时代的第一桶金。

英格兰抢得很开心，被抢的西班牙就不开心了，双方的冲突越来越多。而且英格兰是信仰新教的，和信仰天主教的西班牙是死对头，这两人无论是因为现实利益还是因为宗教信仰都看对方不顺眼。西班牙在海上袭击英格兰，英格兰就支持荷兰和西班牙闹独立，双方越闹越僵，一场战争也就不可避免了，史称"英西战争"。

1588年，西班牙派出了强大的"无敌舰队"来揍英格兰，实力不足的英格兰没法正面硬扛，只能边打边撤在海上打起了游击。

"无敌舰队"字面意思是"最幸运的舰队或不可击败的舰队"。但搞笑的是，这支舰队却既不幸运，也非不可击败。英格兰的拼死抵抗让"无敌舰队"无功而返，然后返航途中的一场飓风又把整支舰队几乎全给带走了。

八年后，西班牙又派出了第二支无敌舰队，结果又是一出海就被飓风扫了一遍，可见这起名字不能太嚣张，不然连老天爷都看不下去。之后西班牙又出动了好几次无敌舰队，英格兰也派出舰队去报仇，但双方基本上谁也没打倒谁。再耗下去也不是办法，最终英格兰和西班牙在1604年签署条约，这场持续了十六年的"英西战争"才宣告结束。

这场战争并没有一下子就改变英格兰和西班牙之间的强弱关系，西班牙的地位依然在那里摆着。但不可否认的是，英格兰通过这一战打响了自己的名号，也算是正式加入了对海上霸权的争夺。这之后他的主要竞争者就变成了自己曾经的盟友荷兰。

为了进一步争夺海上霸权，双方打了三次英荷战争，互有胜负。

但荷兰毕竟个头小，打仗拼消耗这种事耗尽了他的热情，所以后来荷兰就逐渐退出了争霸海洋的行列，仅仅满足于当一个放债吃利息的土大款。

英格兰则在同荷兰的战争中也发现了自身的不足，痛定思痛实现了自身的华丽转身。

1640 年，英国资产阶级革命爆发，1649 年，经纪人查理一世被送上了断头台。1689 年，英格兰和新经纪人威廉三世夫妇重新签订了一份经纪人合约，史称《权利法案》。因为死的人比较少，英格兰的这次革命也叫"光荣革命"。

后来英格兰逐渐把经纪人变成了吉祥物，他直接和底下的粉丝对接，一切行动最终都由粉丝手里的选票决定，这就是近代民主制度中的君主立宪制。有了这个制度保障，英格兰对外的扩张和殖民就玩得更得心应手了。

由西方集团选手开启的大航海时代，对整个历史舞台都产生了巨大影响，就连东边华夏集团的明朝选手也突然觉得一大票人傻钱多的"剁手党"正在向自己拥来。

但自从郑和下西洋之后，明朝的海外贸易政策变得越来越保守，尤其是东南沿海的倭寇问题，让明朝实行了严格的海禁政策，简单来说就是不许老百姓出海贸易。

当然海禁只是不让自己人出去，没说不让别人进来，尤其是那些拿着钱来买东西的人，比如葡萄牙、荷兰和西班牙等土豪，他们冲到明朝选手面前挥舞着手里的真金白银，一船一船地把明朝的茶叶、瓷器、丝绸等特产买回家。大量的白银如潮水般涌入明朝选手的钱包，明朝一寻思，又不用我出海冒险，又不用我去美洲抢土著，只需要坐在家里等着人上门来扫货就行，这日子简直太滋润了，那还海禁个啥，干脆打开门吧！开门做生意既能打击走私，又能增进税收，何乐而不为呢？

1567 年，明朝宣布正式解除海禁，允许民间私人出海贸易，史称"隆庆开关"。在开关之后的半个多世纪内，明朝从海外赚了大约3亿3千万两白银[1]，相当于当时全世界白银总量的三分之一，这其中很大一部分都是西班牙等人疯狂扫货的结果。

手里的银子多了，明朝也顺便调整了一下集团里的运作规则，以前集团里交税和发工资都是铜钱、银子、粮食甚至土特产混着来，一到收税或发工资的时候那乱七八糟的一大堆看着特别乱。现在好了，直接改用白银结算就成了，方便又省心。

同时明朝也发现这帮西方集团的选手都把办事处开到自己家门口了，葡萄牙选手到了澳门，西班牙占了菲律宾，荷兰占了台湾岛，英格兰后来更是把四分五裂的印度集团整个变成了殖民地。

对此明朝选手的态度很简单，那就是不惹事也不怕事。你们要是老老实实做生意咱就做，你们要是不老实想整幺蛾子那咱就打，谁怕谁啊。明朝和这些不远万里来到亚洲的殖民者也交过几次手，

---

1. 见王裕巽：《明代白银国内开采与国外流入数额试考》，《中国钱币》，1998年第 3 期。

总的来说还能镇住场子。

但明朝不知道的是，看不见的危机已经在不经意间袭来。

进入 17 世纪之后，明朝选手的情况就变得有点不妙了。首先是各种天灾轮番爆发，发大水、闹蝗虫、干旱、地震、瘟疫就没断过，老百姓遭了灾都活不下去了。同时在东北崛起了一个后金选手，后来他改名叫清朝，这位新登场的选手非常猛，成了明朝北方边境的严重威胁。

这个时候，救灾需要钱，打仗也需要钱，干啥都需要钱，但明朝选手突然发现，自己没钱了。

因为欧洲出事了。宗教改革以来形成的天主教和新教的分道扬镳造成了欧洲赛区各位选手之间的严重对立，大家分成两派，开始了一场混战，几乎把整个欧洲都卷入其中。这场战争持续时间非常长，史称"三十年战争"。

欧洲那边打开了花，钱都用来打仗了，自然就没法来找明朝买买买了，于是明朝就失去了获得白银的重要渠道。这就相当于一个本来就失血过多的病人，又突然被掐断了向体内输血的管道，那真是想不死都难了。

1644 年，在英格兰爆发资产阶级革命仅仅四年后，被天灾、流民和外敌折磨得奄奄一息的明朝倒下了，接替他位置的就是清朝选手。

不过这两件事并没有可比性。

英格兰的革命是步入近代的通行证，而明亡清兴不过是又一次改朝换代的重复，两边的选手已经走上了截然不同的发展道路。只不过大家刚兵分两路，一时之间还看不出来走下去有啥不一样。

但时代已经变了，强与弱的逆转，胜与败的分野，即将到来。

31

打榜倒计时：
日不落帝国2.0版本

大事年表

时间	外国	中国
17 世纪	1688 年—1697 年 "大同盟战争"爆发	1689 年 中俄签署《尼布楚条约》
18 世纪	1701 年—1714 年 西班牙发生王位继承战争	1722 年 雍正帝即位
	1740 年—1748 年 奥地利发生王位继承战争	1748 年 乾隆帝东巡曲阜
	1756 年—1763 年 "七年战争"爆发	1762 年 清朝设伊犁将军
	1782 年 瓦特试制出"复动式蒸汽机"	清朝处于"康乾盛世"
	1792 年—1794 年 英国马戛尔尼使团访华	1791 年 乾隆帝八十大寿

　　三次英荷战争结束后，英格兰巩固了自己海洋强国的地位，在成团出道的选手排行榜中进一步提升了自己的排名。可是当他转头看向欧洲大陆时，他发现其他选手在排行榜中的排名也在飞速提升。

　　大陆上的西班牙选手虽实力有所下降，但在美洲还有很多殖民地，依然不可小看；曾经的舞台巨星"神罗"选手已经陷入了大范围的内斗，他原来的两个小兄弟普鲁士和奥地利正在快速崛起；更东边的欧洲内陆，曾经臣服于蒙古的莫斯科大公国已经变身为沙皇俄国，这个大块头通过内部改革后实力大增，正在大踏步地向四周扩张。

　　最让英格兰感到头疼的还是老冤家法兰西。

　　此时法兰西选手的经纪人就是被称为"太阳王"的路易十四，法兰西在他的带领下通过一系列的中央集权制度凝聚了力量，表现出澎湃向上的活力，不但在欧洲大陆上强势扩张，更在北美、印度等地和英格兰争夺殖民地。

在这即将成团出道的关键时刻，英格兰和法兰西这两个在出道排行榜上名列前茅的竞争对手是必须分出一个高下的。

说起来英格兰和法兰西之间绝对算得上仇深似海。之前英法第一次百年战争中英格兰丢掉了自己在欧洲大陆上的全部领地，变成了一个彻底的岛国。这听着虽然有点惨，但失去了大陆领土的英格兰也就此解锁了一项新技能，叫大陆均势。

简单来说就是拉帮结派加卖队友。

英格兰不直接掺和大陆上的混战，他就远远地在岛上一蹲，不管欧洲大陆上谁强大了，他就联合其他选手把他搞下去，目的就是让大陆上的选手势均力敌，彼此牵制。这样就没人能威胁到他的利益和安全，他还可以腾出手，用他的海军舰队在欧洲大陆之外对敌人进行打击。

没法子，正面打不过，就只能玩点阴的了。

英格兰所在的大不列颠岛本来就不大，上面还站了英格兰、苏格兰和威尔士三个选手，英格兰虽然是大不列颠三人组的老大，但作为一个岛国出身的选手，他明白自己的发展潜力有限，所以他想要混得好，就得让别人混得不好。

于是在这之后的几百年里，人们就看到英格兰哪儿有事到哪儿，满场乱窜，在不同选手之间各种拱火起哄，各种兴风作浪，各种挖坑埋雷，因为只有这样他才能坐收渔利。

比如当西班牙强大时，英格兰就联合法兰西和荷兰对付西班牙；荷兰冒头后，英格兰又联合法兰西打荷兰；现在法兰西实力最强，英格兰也是故伎重施，1689 年他刚搞完"光荣革命"马上就加入了对法兰西开战的同盟，这场战争史称"大同盟战争"。在这之后英格兰又接连参与了"西班牙王位继承战争""奥地利王位继承战争"和"七年战争"，总之就是和法兰西死磕到底。

当然这种所谓的死磕也是有技巧的。在这几次战争中，英格兰把欧洲大陆上的战斗交给盟友，而他则主要负责进攻法兰西在海外的殖民地，既能捏软柿子又能捞好处，简直精明到家了。

"七年战争"结束后，法兰西在欧洲的扩张受到了遏制，北美大陆和印度的几乎所有殖民地也都被英格兰抢了。准确来说这个时候我们得叫他大不列颠王国了，因为他已经把威尔士和苏格兰给合并了，完成了大不列颠岛的统一，更夺取了全球的海上霸权和殖民霸权，这个时候的他骄傲地自称为第二个"日不落帝国"。出于习惯，人们更喜欢叫他大英帝国。

但取得巨大成就的大英帝国选手也有他自己的烦恼，他发现自己赚钱的速度跟不上形势的变化了。

广大的殖民地为大英帝国提供了丰富的原料产地和商品市场，但是生产速度没有提高，无数的订单如雪片般飞来，却没有那么多商品提供，这钱眼睁着就是挣不到，大英帝国感觉自己的心都在滴血。

所以提高生产效率，加大出货量就成了最迫切需要解决的问题。但手工业的生产速度就那么点儿，再怎么努力也提高不上去了啊，唯一的办法就是用机器来代替手工。

一时间无数发明创造井喷一样地出现，一场以机器生产取代手工生产的技术革命就这样发生了。1782年，徒工出身的瓦特在前人研究的基础上，试制出"复动式蒸汽机"，受到广泛欢迎。之后蒸汽机逐渐成了工业生产中必不可少的动力来源，所以第一次工业革命后的时代也被称为"蒸汽时代"。

工业革命后的大英帝国，各方面的实力如火箭般蹿升，机器轰隆作响，生产出的批量商品铺满了整个舞台，大英帝国也成了那个时代最牛的超级带货王。

当然也有人不卖大英帝国面子，那就是华夏集团的清朝选手。

当法兰西的"太阳王"路易十四争霸欧洲，沙皇俄国的彼得一世力行改革的时候，清朝这边也出现了一位非常有才华的经纪人，那就是著名的康熙皇帝。清朝在他的带领下，取得了多方面的成就。

清朝也是从游牧集团跳槽到华夏来的，但他干得可比当年的前辈元朝强太多了。清朝在尽可能保留自身特色的前提下，全面地融入了华夏集团，成功地将中原的农耕资源和草原的游牧力量整合起来，形成了一个强大的"二元帝国"。

清朝选手文采不错，武力值也很高。对内他平定了三藩之乱，收复了台湾，击垮了西北闹独立的准噶尔，对外他和沙俄选手在东北打了场雅克萨之战，成功维护了北方的地盘，奠定了今日中国的

版图基础。

当大英帝国开始工业革命的时候，清朝也正在享受康乾盛世带来的安逸。可能是日子过得太舒服了，他对舞台上发生的变化毫不关心，反而玩起了闭关锁国，把自己全身上下都捂得严严实实，快乐地当起了宅男，只留下广州一个港口作为对外贸易的窗口。

清朝在对外贸易上搞限流，大英帝国的走货量肯定高不起来，他看着清朝这么大的体格，兜里那么多钱，心里急得很。恰好赶上清朝第六任经纪人乾隆皇帝八十大寿的好日子，大英帝国赶紧派出了一个规格非常高的使团，希望能借着庆生的由头与清朝建立外交关系和互惠互利的商贸往来，这就是历史上的马戛尔尼使团访华。

大英帝国觉得自己非常有诚意，他准备了一份昂贵的见面礼，包括望远镜、地球仪、钟表和近代火器等等，每一样都是精心准备，真是费了一番心思。同时他还带来了一份通商条约，希望能借此和清朝建立全面的商贸关系。

精美的礼物，再加上共同赚大钱的机会，这一般人谁能拒绝啊？

但清朝还就真不是一般人。

他作为华夏集团的一哥，可不是没见过世面的土鳖。他看了看大英带来的这些礼物，宫里早就有了，也不是啥稀奇玩意，甚至还不如宫里收藏的那些好看呢；至于火枪火炮之类的，清朝是靠骑射起家的，对这些热兵器不感兴趣。

这份礼物的诚意，在清朝看来也就那么回事，他甚至对大英帝国这个远道而来的异邦使团充满了提防心理，因为大英帝国把整个印度集团都变成了自己的殖民地后，又在喜马拉雅山北边的西藏地区搞小动作，这让清朝感觉到了一定的威胁。

至于大英选手提出的所谓通商合作的条款，清朝看完后都气乐了，又是在北京设立洋行，又是要减税，甚至还想割个小岛给他当落脚点……"拜托，你以为你是谁啊？"

这是一场注定不会谈成的合作。

大英选手觉得："我作为日不落帝国，世界殖民霸权的拥有者，能好说好商量地和你谈就是够给你面子了。"而在清朝看来："你个棕眉毛蓝眼睛的蛮夷，跑来和我天朝上国谈什么平等，你是脑袋被驴踢了吗？至于什么赚大钱，笑话！我大天朝什么没有，还差你那仨瓜俩枣的？"

一个是西方近代世界的新兴霸主，一个是东方古代世界的最后领袖，两个人一顿鸡同鸭讲，全程"尬聊"，最终大英帝国和清朝的这次诡异互动就在一派尴尬的气氛中宣告结束了。

之后大英帝国继续推进工业革命，继续抢夺殖民地，进一步制霸全场。而清朝则继续关起门来自娱自乐，依然沉醉在天朝上国、万邦来朝的想象中。

但在世界的舞台上他们不可能永远彼此隔绝，当下一次大英帝国来清朝家敲门的时候，用的就不是礼物和使团了，而是鸦片和炮火。

当然，大英帝国暂时还没空对清朝动武，因为他还有更麻烦的敌人要先应付。

32

拉踩与引战:
美国独立和法国大革命

战争援助

大事年表

时间	外国	中国
18 世纪	1776 年《独立宣言》发表	1773 年《四库全书》开馆修纂
	1789 年华盛顿当选总统 1789 年法国大革命爆发	1722 年雍正帝即位
	1799 年拿破仑上台 1799 年华盛顿去世	1799 年乾隆帝驾崩

"七年战争"战败之后，法兰西选手实力大减，还丢掉了大片的海外领土，一下子从舞台的前排位置掉到了后排，而他的死对头大英帝国混得风生水起，成了聚光灯下的宠儿。

灰头土脸的法兰西无时无刻不想着报仇雪恨，然后他就发现了一个能让大英帝国吃瘪的好机会。

这个机会就在北美大陆上。自 17 世纪以来，大英帝国在北美洲东海岸建立了十三块殖民地。经过一百多年的发展，这些殖民地已经发展成一片人口众多，农业、工业和商业都达到一定水平的乐土。在这里一个叫美利坚的年轻选手怯生生地登上了历史的舞台。当然，是以大英帝国附庸的身份。

美利坚和大英帝国之间的关系一开始很和谐，英法在北美开战的时候，美利坚就是大英帝国的重要帮手。

但是仗一打完，两边的关系反而变得糟糕了起来。

道理也很简单，大英帝国虽然打赢了七年战争，但同样被伤得够呛，急需恢复实力。而作为一个拥有广阔殖民地的老大，最好的恢复方式当然就是从殖民地身上吸血了。

大英帝国强行通过增加税收，倾销商品，增加在北美地区的驻军等一系列政策从美利坚身上吸血，极大地限制了美利坚的经济发展。

1773 年，大英帝国通过了一个《茶税法》，把大量茶叶低价倾销到北美，把当地的茶叶商人挤对得都活不下去了。于是一群示威者打扮成印第安人的模样，把运来的一整船茶叶都倒进了波士顿湾里，史称"波士顿倾茶事件"。

对于这次事件的后续处理，大英帝国态度强硬，美利坚也毫不让步，双方的矛盾看似已经不可调和。别看美利坚嘴上喊得很大声，过激的动作却没敢做。他也知道大哥大英帝国不好惹，所以他虽然提了一大堆条件，但也没敢直接喊出独立单飞的口号，反而还给大哥递交了一份请愿书，希望大哥能给自己个面子，少欺负自己一点[1]。边上看戏的法兰西哪能放过这个拉踩[2]和引战的机会呢？俗话说敌人的敌人就是朋友，为了向大英帝国复仇，法兰西决定在这件事上帮美利坚兄弟一把，说啥也得让这俩打起来。

1776 年，法兰西秘密提供了大量的资金、武器和志愿者来支持

---

1. 见塞缪尔·莫里森等：《美利坚共和国的成长》上卷，南开大学历史系美国史教研室译，天津人民出版社，1980 年，第 218 页。

2. 拉踩：网络用语，指通过贬低某人某物从而吹捧自己喜爱的人物的行为。——编者注

战争援助

美利坚的独立事业，他不仅自己出钱，还拉上同样对大英帝国不满的西班牙选手一起给美利坚捐钱，就差开个众筹账号了。

有了外援的支持，美利坚的腰杆子也硬了起来，他组织起一支几万人的民兵队伍，准备和大英帝国掰一掰手腕。

1776 年，《独立宣言》发表，宣告北美十三州殖民地的独立，美利坚合众国正式登场。不过对美利坚选手来说，喊出独立的口号容易，获得真正的独立却不那么容易。

此时的美利坚可不是几百年后制霸舞台的那个超级巨星，这时的他只是个初出茅庐的新人，无论从实力上还是经验上来说都菜得不行，而他面对的是当时舞台的绝对 C 位选手大英帝国，双方的实力差距可以说是一个在天上，一个在地下。

美利坚有点心虚，法兰西却拍着胸脯保证道："老弟不要怕，还有大哥我呢！"他在 1778 年和美利坚签订了一份同盟条约，不但给了美利坚好多援助，甚至还亲自下场，正式对大英帝国宣战了。他还极力拉拢西班牙和荷兰这些被大英帝国欺负过的选手，号召大家组团来支援美利坚的独立战争。

在整个战争期间，仅法兰西就向美利坚提供了价值大约八亿美元的资金援助，其他军火物资更是数都数不过来。可以说以美利坚的财务状况之所以能在漫长的战争中坚持下来，靠的全是法兰西、荷兰和西班牙这些欧洲老铁砸锅卖铁地给他输血。

而且法兰西还承包了绝大多数海上作战行动，在大陆上的攻势也是他的远征军和美利坚一起打下来的。最终在 1783 年，被两面夹击的大英帝国只能无奈地承认了美利坚的单飞。

美利坚很高兴，法兰西比他还高兴，毕竟能让大英帝国低头服软的机会可不多。这事后来成了法兰西人生中最快乐的瞬间，没事就拿出来回忆一下。所以他在美利坚独立战争胜利一百周年纪念日的时候还送了一件大礼，就是现在纽约城的重要地标建筑——自由女神像。

对，这个就是法兰西送给美利坚选手的一百岁生日礼物。

不过一百年后的事毕竟要等以后再说，法兰西眼前还有个难题要解决，那就是他没钱了。

惨烈的战争直接掏空了法兰西的钱包，他到后期只能咬着牙借钱来打仗，这导致他的债务在短时间内增长了三倍，已经困难到连利息都还不起了。

法兰西也想找美利坚报销点军费，但人家美利坚可没那个感恩的心："当初说好了你是援助我，也没说要还啊。我只能说一句，谢谢啊！"

走投无路的法兰西只能自己想辙了，于是他就在1789年把家里人叫到一起开会，讨论怎么收税还欠款。

不开会还好，一开会反而出事了。参会人员对于是否加税这事没谈拢，法兰西选手的经纪人路易十六却想强行加税，结果参会人员不干了，两边一拍两散，直接掀桌子动手了，法兰西选手就这样掉进了内战的大坑，经纪人路易十六也被送上了断头台。

此后的近一百年时间里，君主立宪派、共和派、保王党……无数力量你方唱罢我登场，这就是历史上著名的法国大革命。

法兰西本想通过这次和美利坚小老弟的梦幻联动给大英帝国添点堵，没想到一顿拉踩引战操作后，最后把这战争引到自己家里来了，真是搬起石头砸了自己的脚。

法兰西出事了，老仇人大英帝国自然要来插两刀，毕竟说起拉踩和引战这种事情，大英帝国也是玩得贼熟练。他跟欧洲赛区的其他选手说："你们看，法兰西把经纪人路易十六都给砍了，多狠啊！这要是不收拾了他，以后你们也没有好日子过！"当然大英帝国说这话也有点昧良心，全然不管自己当年闹革命的时候也砍过查理一世的脑袋。

但他那破事毕竟是老皇历，哪有法兰西这劲爆新闻热乎。其他选手一看这情况确实有点吓人，就在大英帝国的组织下搞了个反法同盟，一起出兵来打法兰西。

在生死存亡的关键时刻，一位天才般的军事家横空出世，他就是拿破仑。这位炮兵出身的战神带着法兰西选手东征西讨，什么西班牙、奥地利、普鲁士、沙皇俄国等全都被打趴下了，存在了八百多年的神圣罗马帝国更是直接被打退赛了。可以说除了大不列颠岛上的大英帝国，整个欧洲基本都让法兰西打服了。

但可惜法兰西再能打，也架不住全欧洲的群殴啊，大英帝国、奥地利、沙俄和普鲁士等选手锲而不舍地组织了七次反法同盟，那真是死磕到底的节奏。

最终在 1815 年，法兰西在滑铁卢战役中失败，轰轰烈烈的大革命也逐渐步入了尾声。

之后的法兰西还闹了几波小内乱，但总的来说他还是艰难地完成了从封建王朝向资本主义近代国家的转化。

此后，历史舞台上越来越多的选手在法国大革命精神的影响下，勇敢地迈出了近代化的脚步，最终的成团出道之夜即将到来。

33

成团出道：
弱肉强食和全球化

大事年表

时间	外国	中国
19 世纪中期	英国结束第一次工业革命	第一次鸦片战争爆发
19 世纪六七十年代	第二次工业革命开始 美国南北战争爆发	第二次鸦片战争 太平天国运动
19 世纪末 20 世纪初	第二次工业革命结束 帝国主义殖民体系确立	《辛丑条约》签订 中国完全沦为半殖民 地半封建社会

19 世纪 30 年代以来，华夏集团的清朝选手就觉得事情有点不对劲。他总是感觉身子疲乏，钱不够花，干啥都提不起劲来，总之就是哪儿哪儿都难受。

到底是哪里出了问题呢？

他仔细地给自己做了个体检，嗯，都是一些常见的老毛病，什么官员贪腐、天灾频发、土地兼并、百姓逃亡之类的。之前集团里那么多选手，到了舞台生涯的后期基本上也都是这几个病。

但是体检报告上有一条病症是以前没有的，那就是鸦片的流行。

鸦片这种毒品最初是当作药材传入的[1]，后来葡萄牙和荷兰选手都在亚洲种了很多鸦片，然后制作成烟土卖到华夏集团里来。当然卖得最欢实的还要数大英帝国，因为他卖别的商品清朝也不买啊，

---

1. 鸦片原产于小亚细亚半岛等地，北宋《开宝本草》和明代《本草纲目》中都记录了它的药用功效。

只能靠走私鸦片从清朝兜里赚钱。

鸦片这玩意一吸上就很难戒掉，不但刮走了清朝的大把银子，还把他的身子骨给整垮了。这谁受得了啊，所以清朝就派钦差大臣林则徐南下广东去查禁鸦片，这才有了 1839 年的"虎门销烟"。

但是早就想对清朝动手的大英帝国这回可找到由头了，火速组织了一支远征军来揍清朝，理由是清朝侵犯了大英帝国的商业利益和贸易自由。

没错，一个贩毒的人指责一个禁毒的人，说你不让我卖我就揍你，这么魔幻的剧情放在今天绝对是新闻里社会版和法制版的头条，但在那个时候大英帝国凭借着自己日不落帝国的实力，就是这么不讲理。

1840 年，鸦片战争爆发。结束了第一次工业革命的大英帝国，让还停留在古代农业时代的清朝见识了什么叫降维打击。清朝发现自己遇到了一个完全无法战胜的敌人，最终只能在不断地失败后屈辱地签订了《南京条约》，他就这样稀里糊涂地被人一脚踢进了近代世界，还获得了一个很拗口的外号，叫"半殖民地半封建社会"。意思是清朝既不是像印度集团里的选手那样彻底躺平，完全变成了大英帝国的附庸，也不像西方集团的其他选手一样拥有完整的自主权，属于看似独立，又无法完全自己说了算的模糊状态。

一切发生得太快，也太突然，清朝选手一时间有点蒙，好久之后他才回过神来，开始思考自己为什么挨揍，以及怎么才能不挨揍，无数人站出来试图拯救前途黯淡的清朝，华夏集团内也掀起了一波又一波的救亡探索运动，这就是华夏集团自创立以来遇到的"三千年未有之大变局"[1]。

这个变局，本质上指的就是时间上的近代化和空间上的全球化，这也是舞台上所有选手正式成团出道的终极环节，这个全球化天团有一个非常暴力的名字，叫帝国主义殖民体系。

这可能是有史以来分层最严重、矛盾最突出的一支队伍。在这个团里，公理和正义不过是对外的宣传口号，混得好的人拥有鲜花和掌声，混得惨的人则只能被屈辱地踩在底层，一切的一切全都靠实力来说话，奉行的是弱肉强食的丛林法则。

总的来说西方集团的选手基本都是站在食物链顶端的高阶选手，而其他集团的选手则基本上都是被欺负和被剥削的命运。

哪怕你之前的战绩再辉煌也没用，落后就要挨打，是这个时代最大的真理。

除了东边的清朝、西边伊斯兰集团的一哥，曾经让整个欧洲都瑟瑟发抖的奥斯曼帝国选手也在近代化的过程中掉队了。他混得比清朝还惨，因为他就紧挨着强势崛起的西方集团中的一票选手，大英帝国啊，法兰西啊，奥地利啊，都想从奥斯曼身上捞好处。尤其是北边的沙俄选手，他在持续的扩张中把自己吃成了全场个头最大的一个，他的地盘横跨整个欧亚大陆的北部，甚至连美洲西边的阿

---

1. 源自李鸿章《筹议制造轮船未可裁撤折》（同治十一年五月），"三千年"指从西周建立到清朝的这一时期。

拉斯加都是他的[1]。但他还是不知足，因为他占的地盘气候都太冷，他特别希望能在温暖的南方获得出海口，所以他就不断地往南打，和奥斯曼打了一系列"俄土战争"，抢到了大量的地盘。

奥斯曼帝国面对咄咄逼人的沙俄毫无还手之力，但大英帝国和法兰西不希望看到沙俄太得意。所以1853年的"俄土战争"实际上是大英帝国、法兰西等国帮着奥斯曼一起打的。因为战争的主要战场在黑海的克里米亚半岛上，所以这场战争也被称为"克里米亚战争"。

这场仗沙俄打输了，他只能一边回家养伤，一边合计自己为啥会输，所以在1861年沙俄实行了"农奴制改革"，再次提高了自己的业务水平。

所谓打赢了的奥斯曼选手也没有摆脱被欺负的命，之后的一百多年里，他的地盘被列强疯狂瓜分，从鼎盛时期的约1200万平方公里锐减到今天的不到80万平方公里，直接丢掉了九成以上的地盘。

所以在当时奥斯曼选手就获得了一个非常屈辱的外号，叫"西亚病夫"。没错，和当时清朝的外号"东亚病夫"正好凑成一对，这都是西方集团的那些选手对其他选手欺负和霸凌的证据。

但像奥斯曼和清朝这样的"半殖民地"还不是最惨的，那些被团灭的殖民地选手更可怜，比如非洲赛区。

---

1. 该地区1799年起属俄国，1867年俄国将阿拉斯加卖给美国，现为美国面积最大的州。

自新航路开辟以来，美洲赛区的原住民被西班牙、葡萄牙等殖民者整得够呛，于是殖民者就只能大量从非洲赛区抓黑人卖到美洲去当奴隶。比如恶名昭著的"欧洲—非洲—美洲"的三角贸易，一次航程需要六个月，能获得巨大的利润，这就是大英帝国发家致富的重要渠道，也是他特别舍得下本打压其他选手的海上实力的原因，因为只有掌握了海上霸权他才能垄断这个生意。

由于抓捕和运输黑奴的过程中会造成大量的死伤，在长达四百年的奴隶贸易中，从非洲成功运到美洲的奴隶人数大约为一千五百万到三千万，但整个非洲赛区因此损失了将近一亿人口，这也是今天非洲赛区的选手普遍较贫困落后的重要原因之一。

后来工业革命开始了，机器取代了人工成了生产的主力，奴隶贸易的利润就下降了。再加上法国大革命对自由、平等之类理念的宣传，让西方集团的这些选手，也多少觉得自己兜里的钱有点不干净。

1807 年，大英帝国率先宣布禁止奴隶贸易，之后西方集团里的其他选手也纷纷跟进，奴隶贸易基本上算是结束了。

但千万不要以为这帮西方集团的选手改头换面了，他们只是换了种方式去欺负人而已，因为他们现在最需要的就是多占地盘，多抢原料产地和商品市场，这样才能满足工业革命的生产和销售需求。

所以在 19 世纪后期，这帮人掀起了瓜分非洲的新高潮，非洲赛区几乎全让他们变成了殖民地。今天我们翻开世界地图，会发现非洲赛区的选手之间很多边境线都是一条直线，就是当年这帮殖民者在地图上直接画出条线，然后几个人就把这地方瓜分了[1]。

历史舞台上曾有过无数的竞争、淘汰、胜败、得失，但从未有像现在一样，由极少数的选手来统治整个舞台，甚至把大多数人都变成了彻底的失败者。

面对这样的苦难和失败，绝大多数的选手并没有放弃抗争，他们不断地努力，想要改变这种不公平的局面。

他们或是改革，或是革命，或是和平抗议，或是武装斗争，在不断的失败中一点点撬动压在自己头上的大山。

进入20世纪之后，为了争夺世界的霸权，以西方集团为主的这些选手又连着打了两次世界大战。曾经的顶流偶像英、法、德等选手跌落神坛，而美利坚和苏联则成了新世界的强者。

两次世界大战不仅极大地改变了舞台上的强弱格局，也使存在了几个世纪的殖民体系最终土崩瓦解，那些破产摘牌的集团纷纷恢复营业，那些被人压榨欺负的选手也得以重新登场。

帝国主义殖民体系虽然消亡了，但旧有的西强东弱、北富南贫的舞台格局却没有彻底被打破，那些总爱耍大牌欺负人的家伙也不会突然就改变画风。

今天的全球舞台因为科技的不断发展而变得越来越一体化，所有人都被深深地卷入这个全球化的体系中。没有人可以独善其身，

---

1. 见1885年《柏林会议关于非洲的总议定书》。

也没有人应该事不关己，所有人都处在一个人类命运共同体中。

唯有壮大自己，持续努力，保持谦卑，勇于斗争，才能让这个世界变得更好，才能让所有人都变得更好，才能让这个历史的舞台，永远地焕发闪耀的光芒。

图书在版编目（CIP）数据

群星闪耀的世界史 / 王磊著 . -- 上海：上海文化
出版社，2023.12
ISBN 978-7-5535-2858-8

Ⅰ. ①群… Ⅱ. ①王… Ⅲ. ①世界史－通俗读物
Ⅳ. ① K109

中国国家版本馆 CIP 数据核字（2023）第 236302 号

出 版 人：姜逸青
责任编辑：郑　梅
监　　制：邢越超
出 品 人：汪海英
策划编辑：郭妙霞　谢梦冰
特约编辑：张春萌　万江寒
营销支持：李美怡
装　　帧：潘雪琴
插图绘制：White　宋清莲
内文排版：百朗文化

书　　名：群星闪耀的世界史
作　　者：王　磊
出　　版：上海世纪出版集团　上海文化出版社
地　　址：上海市闵行区号景路 159 弄 A 座 3 楼　201101
发　　行：中南博集天卷文化传媒有限公司
印　　刷：北京天宇万达印刷有限公司
开　　本：875 mm × 1230 mm　1/32
印　　张：10.5
字　　数：205 千字
版　　次：2023 年 12 月第 1 版　2023 年 12 月第 1 次印刷
书　　号：ISBN 978-7-5535-2858-8/K.313
定　　价：52.80 元

如发现印装质量问题，影响阅读，请联系 010-59096394 调换。